내 삶에
힘이 되어준 한마디

내 삶에
힘이 되어준 한마디

시대의 어른들이 들려주는 인생 명언

VIVA체

프롤로그

지금까지 내 정신적 지주가 되어 주고, 좌절의 늪에서 허우적거리던 나를 끌어올려 준 것은 위인들의 '말'이었습니다.

수첩의 가장 눈에 띄는 곳에 의욕을 북돋아 주는 주옥같은 말을 써놓고, 고민이 되거나 모든 것을 포기하고 싶을 때, 힘들 때마다 그 말을 가슴에 새기면서 두 주먹을 불끈 쥐고 다시 일어설 수 있었습니다.

위인들이 남긴 짧은 문장 안에는 그들이 인생에서 배운 깊은 교훈이나, 어려움을 극복하는 과정에서 얻은 귀한 지혜가 빼곡히 담겨 있습니다.

이 세상에 좌절하지 않는 사람은 없고, 실패하지 않는 사람도 없습니다. 그때 다시 일어서느냐 그곳에서 주저앉느냐는, 용기를 북돋을 수 있는 최고의 좌우명을 가지고 있느냐 없느냐에 달려 있지 않을까요?

신념에 찬 자신만의 좌우명을 가지고 있는 사람은 자신이 꿈꾸는 미래를 손에 넣을 수 있고, 자신이 원하는 인생을 살 수 있습니다.

아무리 노력해도 앞이 보이지 않거나 사방이 막혀 있을 때는 위인들이 남긴 말을 떠올려 보십시오. 그 말 한마디가 당신의 소중한 재산이 되고 날카로운 무기가 될 것입니다.

꿈과 목표를 향해 도전하는 사람, 현실의 벽에 부딪쳐 고민하는 사람, 무엇인가를 이루기 위해 열심히 노력하는 이들에게, 지금까지 내게 힘과 용기를 안겨 준 위인들의 말을 선물하고자 합니다.

이 책의 명언들 중에 한 구절이라도 마음 판에 깊이 새겨, 용기를 얻고 적극적으로 살아갈 수 있다면 그보다 더 기쁜 일은 없겠습니다.

차례

프롤로그

3 지혜

4 습관

5 행동

7 성공

8 목표

9 꿈

감사의 말

나를 죽이지 않는 모든 공격은
나를 강하게 만들어 준다.

니체 *Nietesche, Friedrich Wilhelm,* **철학자**

1章

역경

내가 헤쳐 나가야 할

逆境

문제가 클수록 기회도 크다.
문제가 아닌 것을 해결해 달라고 돈을 내는 사람은 없다.

비노드 코슬라 Vinod Khosla
선 마이크로시스템스 공동 창업자

세상에는 무슨 일을 하든지 어려움이 따르기 마련입니다.
그런데 사람들은 문제가 없는 일만 찾거나
되도록 문제가 작은 일만 하려고 합니다.

문제가 있거나 버거워 보이는 일에는
어느 누구도 쉽게 뛰어들려고 하지 않습니다.

하지만 문제가 크고 해결하기 힘들수록
그것을 해결하고 극복할 수 있다면
상상도 못하던 엄청난 기회를 잡을 수 있지 않을까요?

문제가 크다고 뒤로 물러나지 말고 지금 당장 모험의 여행에 나서
상식의 벽을 깨트리기 바랍니다.

문제의 실마리를 찾아내려는 노력을 계속하는 한,
언젠가 반드시 독창적인 방법을 발견해낼 수 있습니다.

혹시 지금, 문제가 없는 작은 것에만
눈을 돌리고 있지는 않나요?

나를 죽이지 않는 모든 공격은
나를 강하게 만들어 준다.

니체 Nietzsche, Friedrich Wilhelm
철학자

건강을 유지하려면 근력을 키워야 합니다.

하지만 거기까지 이르는 과정은 결코 쉽지 않습니다.
때로는 고통스럽기도 하고
때로는 포기하고 싶기도 합니다.
고통을 좋아하는 사람이 어디 있을까요?
운동을 하고 근력을 키우는 것이 좋은 줄 알면서도
실제로 몸을 단련하는 사람들이 적은 이유도 바로 이런 이유 때문일 것
입니다.

하지만 근력이 붙으면 근육에서 나오는 열이 증가하여
추위에 강해지고 동시에 체온도 올라가며 면역력도 강해져
병을 예방하는 데 많은 도움이 됩니다.

강인해진 체력은
자신의 재능과 능력을 한계까지 끌어올리고
진정한 힘을 끌어내는 원동력이 되기도 합니다.

당신은 매일 근력을 키우기 위해 어떤 운동을 하고 있나요?

나는 농구 인생 속에서 9천 번 이상의 슛을 실패했다.
3백에 가까운 경기에서 패배하고, 승패를 결정짓는
중요한 슛을 실패한 경우도 26번이나 된다.

나는 인생에서 끊임없이 실패를 거듭했다.
이것이 바로 내가 성공한 이유이다.

마이클 조던 Michael Jordan
전 프로 농구선수

마이클 조던이나 타이거 우즈 등 유명한 선수들조차
끊임없는 실패와 좌절을 맛보아야 했습니다.

그들이 우뚝 설 수 있었던 것은
실패의 늪에서 주저앉지 않고,
견디기 힘든 훈련을 승리의 원동력으로 바꾸었기 때문입니다.

중요한 것은 실패가 아닙니다.
실패에서 배우고 끝까지 포기하지 않겠다는 마음을 갖는 일입니다.
공을 던지지 않으면 슛은 들어가지 않으니까요.

지금, 실패가 두려워 공을 던지지 못하는 것은 아닌가요?

연이 가장 높이 나는 것은 순풍이 아니라 역풍이다.

윈스턴 처칠 Winston Leonard Spencer Churchill
정치가

내면에 숨어 있던 진정한 힘이 눈을 뜨고,
그때까지 보이지 않았던 것이 갑자기 보이는 순간이 있습니다.
바로 역경에 부딪쳤을 때입니다.

그럭저럭 큰 문제 없이 돌아갈 때는 마음에 해이해지게 마련이지만,
최악의 순간이라고 판단되면
이를 악물고 본질을 짚을 수 있습니다.
바로그때 올바른 답을 이끌어낼 수 있지 않을까요?

역경

逆境

———

23

아무리 혹독한 바람이 불더라도
끝까지 앞을 보고 나아가십시오.
역풍을 맞았다고 움츠려들지 말고,
믿는 길을 향해 힘껏 나아가십시오.
내면의 진정한 힘이 잠을 깨고
도약할 수 있는 기회입니다.

당신은 지금 자신의 내면에 숨어 있는 진정한 힘을 깨우고 있나요?

호기심이 없으면 기회를 발견할 수 없다.
그리고 승부에 나서지 않으면 기회를 잡을 수 없다.

클래런스 버즈아이 Clarence Birdseye
발명가

입학시험과 자격시험, 영업이나 프레젠테이션 등
인생에는 반드시 승리를 거머쥐어야 할 때가 있습니다.

승리를 얻기 위해 가장 중요한 것은 무엇일까요?
먼저 그일과 관련된 것이라면 뭐든지 알고 싶어하는
'호기심'이 아닐까요?

지적활동의 근원인 호기심 생기게 된다면
스스로 답을 찾아갈 수 있을 뿐만 아니라
누구도 따라올 수 없는 승부사의 기질을 발휘할 수 있는
'승부뇌'로 바꿀 수 있습니다.

나는 특별한 재능이 있는 것이 아니고, 단지 굉장히 호기심이 많다.

_알베르트 아인슈타인

당신은 어떤 일에 호기심이 발동하나요?

인생은 도로나 마찬가지이다.
지름길은 대게 가장 나쁜 길이다.

프랜시스 베이컨 Francis Bacon
신학자, 철학자, 법률가

어떤 일을 새로 시작하려고 할 때,
대부분의 사람들은 편하고 안전하고 빠른 길을 선택하려고 합니다.
잘 정비된 길이나 가장 가까운 지름길로 가려고 하지요.

하지만 그 결과, 오히려 실패하거나
더 멀리 돌아가는 일을 흔히 볼 수 있지 않나요?

많은 사람들이 지나간 길은 편하고 위험은 없겠지만
획기적인 방법이나 참신한 아이디어를 기대하기는 어렵습니다.

반면에 성공한 사람들은 일부러 힘든 길을 선택해
앞을 가로막는 난관을 스스로 헤쳐나갑니다.

그들은 어려운 환경에 처하면 문제해결능력이 높아지고,
참신한 아이디어로 엄청난 기회를 잡을 수 있다는
사실을 알고 있습니다.

지금 가고 있는 길은 어떤 길인가요?

역경

逆境

———

27

정말로
무엇인가를
간절히 원하면,
갑자기
생각지도 못한 능력이
발휘되는 일이 있다.
신념과 결의만 있으면,
평소에
불가능하다고 생각하는
일도
이룰 수 있다.

조 토리 Joseph Paul Torre
전 프로 야구선수, 감독

무엇인가를 배울 때, 일시적으로 발전이 멈추고
계속 제자리걸음만 하는 경우가 있습니다.
많은 이들이 그런 시기를 극복하지 못하고
멈추거나 뒷걸음질 치곤 합니다.

그것은 일시적인 정지 상태일 뿐입니다.
지금까지 해왔던 노력과 좋은 습관을 그만두어서는 안 됩니다.

목표를 이루기 위해
오랜 세월에 걸쳐 계속 노력해온 것은
언젠가 반드시 아름다운 꽃을 피우는 법입니다.

그러기 위해서는 스스로 다짐해야 합니다.
"나는 진심으로 이것을 원한다!
나는 진심으로 이것을 달성하고 싶다!"라고 말이지요.

한계를 돌파할 때 가장 중요한 것은
꿈을 이루고 싶다는 강한 '신념'이 아닐까요?

지금 간절히 이루고 싶은 꿈과 아이디어를 가지고 있나요?

장애물이 앞을 가로막는 것 같아도, 실제로는 아무것도 없다.
그곳에 있는 것은 단지 최선을 다할 기회와,
성공을 거둘 수 있는 가능성뿐이다.

마이클 조던 Michael Jordan
전 프로 농구선수

모든 일이 순조롭게 진행될 때는
새로운 아이디어를 생각하거나
상황을 바꾸어보려는 마음이 좀처럼 일지 않습니다.

하지만 매출이 줄어들거나 경쟁사가 나타나는 등
더 이상 피할 수 없는 궁지에 내몰리면
현실을 이겨내야 한다는 절박한 심정이 생기게 됩니다.

새로운 현실에 도전할 때야말로
최대의 기회를 잡을 때입니다.

역경은
성장과 비약의 감추어진 선물과도 같습니다.

지금 그 한계에 도전하고 있나요?

정상에 다가갈수록 어려움도 늘어난다.
추위는 혹독해지고 책임은 무거워진다.

니체 Nietzsche, Friedrich Wilhelm
철학자

누구나 쉽게 할 수 있는 일만 하면서
남들이 부러워하는 성공을 바란다면,
그는 지나친 욕심쟁이이거나
헛된 꿈을 꾸는 몽상가에 지나지 않습니다.

눈앞에 닥친 어려움이 클수록
잠재된 능력을 꽃피울 가능성도 커지고,
어떤 고난도 두려워하지 않고 도전한다면
괄목할만한 성장을 이룰 수 있습니다.

위로 올라갈수록 압력과 부담감은 커지겠지만,
보람과 성취감 역시 커지는 법이니까요.

몇 년 전의 자신과 비교할 때, 당신은 얼마나 성장했나요?

골프에
벙커와 해저드가 없으면
얼마나 단조롭고 따분했을까?
인생도 그와 똑같다.

버티 포브스 Bertie Forbes
《포브스》지 창립자

사람들은 왜 그렇게 골프에 빠져들까요?

골프의 매력은
어려운 코스에 도전하여
수많은 난관을 공략한다는 스토리가 있기 때문입니다.

역경

逆境

———

35

처음에는 공이 벙커에 빠지기 일쑤이지만
경험이 쌓이면서 벙커를 피하거나
벙커에서 빠져나오는 기술이 늘어납니다.

인생도 마찬가지 아닐까요?

아무리 어려운 상황이라도
어려움을 이겨낸 뒤 맛볼 수 있는 승리의 기쁨을 떠올린다면
인내할 수 있고, 인내는 강인한 정신력의 바탕이 되어줄 것입니다.

지금, 한 단계 성장시켜 줄 무엇인가에 도전하고 있나요?

인생의 가장 큰 기쁨은
사람들이 당신은 해내지 못할 거라고 한 일을
해내는 것이다.

월터 배젓 Walter Bagehot
저널리스트, 평론가, 경제학자

"너는 절대 못할 거야."
모든 이들이 어렵다고 포기하는 일이나
아무도 하지 않은 일에 도전하려고 할 때,
이런 말을 들은 적이 있나요?

시작도 하기 전에 이런 말을 듣는다면
분하고 억울해서 잠을 이루지 못할 것입니다.

역경

逆境

——

37

하지만 그런 말을 들었다고 해서 포기해서는 안 됩니다.
오히려 두 주먹을 불끈 쥐고 일어나세요.

할 수 있다는 믿음을 가진다면
어떤 말을 들어도 좌절하지 않고
도약할 수 있는 기회를 만들 수 있습니다.
주위를 놀라게 하는 것만큼 기쁜 일은 없습니다.

인생에서 가장 큰 기쁨은 무엇인가요?

2
章

신념

내
가

지
켜
야

할

信念

내가 입은 옷을 보고 다들 비웃었지요.
하지만 그것이 내 성공의 열쇠였어요.
난 그 누구와도 달랐거든요.

코코 샤넬 Coco Chanel
패션 디자이너

USPUnique Selling Proposition란 말을 알고 있나요?
자신만이 가지고 있는 고유한 장점이나
어느 누구도 따라할 수 없는 독점적인 상태를 가리킵니다.

비즈니스 세계에서 성공을 거머쥐기 위해서는
자신만의 독자적인 장점을 구축하거나
"이 상품이나 서비스는 다른 곳과는 확연히 다르다."는 것을
고객이 알 수 있도록
USP를 명확히 밝혀야 합니다.

다른 상품이나 서비스와의 차이를 명확히 할 수 있다면
고객에게 선택받는 존재가 될 수 있기 때문입니다.
더구나 한번 선택으로 끝나지 않고
충성스런 고객으로 지지자가 되어줄 것입니다.

지금 취급하고 있는 상품이나 서비스에는
다른 곳에서 찾아볼 수 없는 USP가 있나요?
그것은 무엇인가요?

배가 떠날 때 폭풍우가 몰아칠 수 있다는 가능성을 알았다면
그 누구도 아직 대양을 횡단하지는 못했으리라.

찰스 케터링 Charles Franklin Kettering
발명가, 사회철학자

최근 젊은 사람들의 창업이 유난히 눈에 띕니다.
하지만 그들 중 성공하는 사람은 열에 한 명도 되지 않습니다.
성공과 실패, 그 갈림길은 어디일까요?

막상 창업을 해도 미래에 대한 불안 때문에
자기도 모르게 '도망칠 길'을 계산해두는 사람이 있습니다.
그런 사람은 결코 성공을 거둘 수 없습니다.

신념

信念

———

43

배수의 진을 친다는 각오로 임해야만
사람들의 마음을 움직일 수 있습니다.

목숨을 걸고 전심전력을 다한다면
결과는 저절로 따라오게 마련이니까요.

지금, 하는 일에 목숨을 걸고 있나요?

얼굴에는 자신의 모든 인생이 뚜렷하게 나타나는 법이에요.
따라서 자신의 얼굴에 긍지를 가질 수 있어야 합니다.

로렌 바콜 Lauren Bacall
미국의 영화배우

흔히 마흔 살이 넘으면
자신의 얼굴에 책임을 져야 한다고 말합니다.

사람의 얼굴에는 지금까지 살아온 궤적,
인생관, 사고방식 등이 깊숙이 새겨집니다.
그것은 한 해 한 해 나이를 먹을수록
더욱 뚜렷이 나타나는 법이지요.

선함과 강인함, 용맹함과 지혜로움, 엄숙함과 온유함..
내 얼굴에 어떤 궤적을 새기고 싶은가요?
내가 선택한 삶의 방식과 습관과 태도가
나의 얼굴을 만들어갑니다.

매일 어떤 표정을 짓고 있는지,
혹시 화를 내거나 찡그리고 있지는 않은지,
한번 살펴보세요.

지금 어떤 표정을 하고 있나요?

신념

信念

———

45

행운이란
기회를 놓치지 않고,
자신의 미래에
책임을 지는 것이다.
다른 사람의 눈에는
보이지 않는 것에
시선을 고정하고,
누가 뭐라고 해도
자신의 꿈을 향해
거침없이
달려가야 한다.

하워드 슐츠 Howard Schultz
스타벅스 창업자

과거에도 현재에도 그리고 미래에도
인생의 주인공은 어디까지나 나 자신입니다.

자신의 인생을 다른 사람에게 맡기고 싶어 하는 사람은
이 세상에 아무도 없습니다.

미래의 나의 얼굴에 책임을 지기 위해서는
내가 왜 일하는지, 무엇을 위해 사는지
스스로에게 끊임없이 묻고 답해야 합니다.

지금 하고 있는 일이 유익한 일이라면
자신의 존재 가치를 깨닫게 되고,
사회적인 성공으로 이어지기 때문입니다.

지금 하고 있는 일은 세상에 어떤 도움이 되고 있나요?

한계를 정하는 것은 마음이다.
마음이 할 수 있다고 생각하고 내가 그것을 100% 믿을 수 있으면
그것은 반드시 실현할 수 있다.

아놀드 슈왈제네거 Arnold Schwarzenegger
영화배우, 정치인, 사업가

사람이 발휘할 수 있는 능력은
대개 심리적 한계로 정해지는 경우가 많습니다.

피트니스클럽에서 운동하는 경우를 생각해 볼까요?

근육 훈련을 할 때,
대부분의 사람들은 아슬아슬한 한계까지 근력을 발휘하지 않고,
훨씬 앞서 브레이크를 거는 모습을 볼 수 있습니다.

체력의 한계에 다다르기 전에
마음이 미리 억제하는 것이지요.

신념

信念

"어떤 일을 할 때, 한계를 어디에 두고 있는가?"
그에 따라 목표에 미치지 못하는 성과를 낼 수도 있고,
목표를 훌쩍 뛰어넘는 성과를 낼 수도 있습니다.

49

마음의 한계를 뛰어넘어
새로운 돌파구를 열고 있나요?

이 세상에 재능이 없는 사람은 없다.
문제는 재능을 찾기까지 행동할 수 있느냐는 것이다.

조지 루카스 George Lucas
영화감독, 영화 프로듀서

이 세상에 재능이 없는 사람은 없습니다.
단지 그 재능이 선천적이냐 후천적이냐의 차이일 뿐입니다.

실제로 전문가라고 불리는 이들 중에는
자신의 분야에서 남들보다 열심히 노력한 결과
후천적으로 뛰어난 재능을 갖게 된 경우가 많습니다.

그때 가장 중요한 것은 무엇일까요?
바로 '남이 할 수 없는 것'을
나는 눈에 띄게 할 수 있어야 한다는 것입니다.

재능이란 특출난 것,
'남에게 가치를 인정받은, 남과는 다른 부분'이니까요.

남들과 똑같은 것을 찾지 말고,
가장 잘할 수 있는 것을 찾아,
남들과 다른 특별한 길에 서는 것은 어떨까요?

지금, 자신의 재능을 찾을 생각은 하지 않고
오히려 재능이 없다고 고민만 하고 있지는 않나요?

내가 누구인지 알려고 하는 것은
별로 의미가 없습니다.
중요한 것은 어떤 사람이 되고 싶은가이고,
그렇게 되려고 열심히 노력하는 것입니다.

닐 도널드 월쉬 Neale Donald Walsch
작가

사람에게는 누구나 장단점이 있습니다.
장점만 있는 사람도 없고,
단점만 있는 사람도 없습니다.
그런데 사람들은 왜 자신의 단점에만 신경을 쓰는 걸까요?

장점이란 상대의 눈에 비친 그 사람의 매력과 가능성,
타고난 성품, 그 사람다움을 가리킵니다.

본인은 자신의 장점을 알아차리지 못하더라도
상대의 눈에는 매력적으로 보이는 경우가 있습니다.

나만의 장점을 키우고 싶다면
어떤 사람이 되고 싶은지 머릿속에 떠올려보세요.
그리고 그렇게 되도록 스스로를 디자인한다면,
자기도 모르는 사이에 장점이 많은 매력적인 사람으로 바뀌어 있을 것
입니다.

지금 당신은
장점보다 단점을 찾기 위해 애쓰고 있지는 않나요?

신념

信念

———

53

자신이 가장 소중하게 여기는 것을
간단하게 말로 표현할 수 없다면
그것은 신념이라고 할 수 없다.

톰 피터스 Tom Peters
작가, 컨설턴트

자신의 장점이나 특징을 짧은 말로 간단하게 설명하는 것은
평소 의식적으로 훈련하지 않으면
의외로 어려운 법입니다.

자신을 제대로 표현하지 못하는 사람은
자신의 장점을 정확히 파악하지 못한 사람입니다.

이루고 싶은 꿈과 비전이 있다면
자신이 원하는 것을
자신만의 독특한 언어로
누구라도 이해하기 쉽게 표현해야 합니다.
그리고 그 말이 듣는 이의 마음을 울릴 수 있어야 합니다.

확고한 신념이 전달될 때
협조자를 모으고 성공에 이를 수 있습니다.

지금 당신은
사람들이 쉽게 이해하도록 자신의 신념을 표현할 수 있나요?

운이 좋은 사람들은 강한 신념을 가지고
수많은 희생을 치르며
끈질기게 노력해온 사람들이다.

우리 주위에는 행운이 따라다니는 사람이 있습니다.
아무런 고생을 하지 않았음에도
저절로 행운이 굴러들어온 것 같습니다.

하지만 이 세상에 아무런 노력도 하지 않고
행운을 거머쥐는 사람은 없습니다.
행운은 준비된 사람에게 찾아오는 법이니까요.

노력하지 않고 그저 찾아온 행운은
복이 되기보단 화가 되는 경우도 적잖게 봅니다.

이루고자 하는 목표를 정하고
할 바를 다 할 때
주위의 도움의 손길과 기회라는 행운이
따라오게 됩니다.

행운을 부르는 법칙이 있습니다.
남을 먼저 이롭게 해보세요.

어떤 사람이 행운을 부르는 복을 누릴까요?

오늘 열심히 훈련했다고 해서 내일 당장 강해지는 것은 아니다.
하지만 오늘의 훈련은 2년 뒤, 3년 뒤에 반드시 성과가 나타난다.
지금은 나 자신을 믿고 훈련하는 수밖에 없다.
중요한 것은 신념이다.

치요노후지 千代の富士
전前 요코즈나 横綱, 일본 스모의 최고장사

단순한 기교나 노하우 같은
잔기술이 통하지 않는 시대입니다.
성공하기 위해서는
원리원칙을 따르며 착실히 노력해야 합니다.

돈을 주고 쉽게 손에 넣을 수 있는 것은
효력을 잃는 것도 빠를 수밖에 없습니다.

어느 분야나 정상은 이르기에 너무 높고,
그 분야의 달인이 되기 위해서는 오랜 시간이 필요합니다.

힘들고 지칠 때 나를 격려하고,
끝까지 포기하지 않도록 버팀목이 되어 주는 것이 있습니다.

바로 신념입니다.

자신의 가능성을 믿고 훈련과 연습을 게을리하지 않는다면
언젠가 아무도 오르지 못한 곳에 이를 수 있습니다.

지금, 쉽게 손에 넣을 수 있는 것에만 눈길을 돌리고 있지는 않나요?

모든 인생은 하나의 실험이다.
실험을 많이 할수록 당신은 더 좋아진다.
실패하면 다시 일어나면 되지 않는가.
그러면 넘어져도 결코 두려워하지 않을 것이다.

랄프 왈도 에머슨 Ralph Waldo Emerson
사상가, 철학자, 시인

스스로 도전하고 실패를 경험하면서 발견한 해답은
다른 사람에게 듣거나 보고 배운 것보다 훨씬 가치 있습니다.

몸으로 부딪혀 얻은 삶의 지혜와 깨달음은
인생의 훈계와 지침이 되어 줍니다.

나만의 노하우나 장점을 키우려면
끊임없이 가설을 세우고 검증과 개선을 반복해야 합니다.
그렇지 않으면 '나만의' 성공을 만들어낼 수 없습니다.

넘어질까 봐 두려워하지 말고,
경험을 쌓으며 많은 것을 배우고 느끼기 바랍니다.
실패에서 배운 지식이야말로
앞으로 나를 지탱해 줄 소중한 자산이 되어줄 것입니다.

지금, 넘어질까 봐 두려워하는 일은 무엇인가요?

3
章

지혜

나를 슬기롭게 하는

智慧

승자는 어떤 문제에서도 해답을 찾아내고,
패자는 어떤 해답에서도 문제를 찾아낸다.

로버트 앤서니 Robert Anthony
심리학자

우리 주위에는 해답을 찾는 사람이 있고,
문제점만 들추어내는 사람이 있습니다.
이들의 차이점은 무엇일까요?

눈앞에 놓여 있는 문제나 새로운 아이디어에 대해
문제점만 지적하는 사람이 있습니다.
그런 사람일수록 구체적인 해결책은 내놓지 못합니다.

문제점은 아무리 많이 늘어놓아도 앞으로 나아갈 수 없습니다.
다음 단계로 나아가기 위해 필요한 것은
정확한 해답을 찾아내어 즉시 실천에 옮기는 것이지,
평론가처럼 머리로 생각하는 것이 아니기 때문입니다.

65

문제점을 발견하면 평론가처럼 행동하지 말고
"어떻게 해야 할까?" 궁리하세요.
그러면 예전과는 전혀 다른 시점으로 문제를 볼 수 있을 것입니다.

지금 당신이 찾고 있는 것은 해답과 문제점 중 어느 것인가요?

좋은 벗을 사귀어라.
그렇지 않다면 누구도 사귀지 말라.

마리아 에지워스 Maria Edgeworth
작가

유유상종이란 말이 있습니다.
친구를 보면 그 사람을 알 수 있다는 말도 있습니다.

친구나 회사 동료 등 오랜 시간을 같이 보내는 사람과는
어느새 성격이나 인품이 비슷해지곤 합니다.

지혜

주위 사람의 성격이나 태도, 습관, 의견 등이
자기도 모르는 사이에 인격에 영향을 미치기 때문입니다.

智慧

———

67

인격이나 사고방식은 누구와 함께 시간을 보내고
누구를 인생의 롤 모델로 삼느냐로 정해집니다.

따라서 하루하루의 삶 속에서
모범이 될 만한 친구나 선배, 좋은 스승을 찾아내어
그들과 함께 인생길을 걸어가는 것이 중요합니다.

지금 옆에 있는 사람은 좋은 벗이라고 할 수 있나요?

어떤 일도 작은 일로 나누어라.
그러면 어려운 것은 하나도 없다.

레이 크룩 Ray Kroc
맥도날드 창업자

새로운 일을 시작할 때,
어떻게 해야 할지 몰라 막막했던 경우가 있을 것입니다.

그때 포기하지 않고 도전하느냐,
고개를 절레절레 저으며 포기하느냐,
여기에서 승부의 갈림길이 정해집니다.

언뜻 보기에는 복잡하고 어려워 보여도
막상 시작하면 어려운 일은 그렇게 많지 않습니다.

대부분은 어렵다고 착각할 뿐,
사실은 그중의 일부분이 복잡하게 보이는 것입니다.

막연한 두려움에 현혹되지 말고,
작게 나누어 하나씩 차분히 정리하다 보면
해결의 실마리를 의외로 쉽게 찾을 수 있습니다.

혹시 일을 시작하기도 전에 어렵다고 포기하지는 않나요?

사람에게 물고기를 주면 하루 만에 먹어버리지만
낚시하는 방법을 가르쳐 주면 평생 먹고 살 수 있다.

노자 老子
철학자

얼마든지 일할 수 있는 사람에게
물고기를 잡아 주는 사람이 있습니다.
그러면 상대는 앞으로도 계속 일하지 않고 빈둥빈둥 놀면서
물고기만 기다리게 됩니다.

진정으로 상대를 위한다면 물고기를 잡아 주기보다
낚싯대를 주고 낚시하는 법을 가르쳐 주는 게 옳지 않을까요?

인생에서 중요한 것은
즉시 대답을 가르쳐 주는 것이 아니라
스스로 문제를 해결할 수 있도록 힘을 키워 주는 것입니다.

그렇지 않으면 노력을 그만두고
그 순간 성장은 멈추게 될 테니까요.

지금 소중한 사람에게 물고기를 주고 있나요,
낚시하는 법을 가르쳐 주고 있나요?

머릿속의 생각을 정리하고 싶을 때
글로 써보는 것만큼 효과적인 방법은 없다.

워런 버핏 Warren Buffett
투자가, 기업인

위대한 꿈을 실현해온 사람에게는
한 가지 공통점이 있습니다.
바로 '꿈을 글로 쓰고 있다'는 것입니다.

꿈을 글로 쓰면 다음과 같은 장점이 있습니다.
뇌의 필터 기능이 작동합니다.
정보를 효과적으로 정리할 수 있습니다.
다른 사람에게 쉽게 전달할 수 있습니다.

꿈이나 행동계획을 하나씩 글로 쓰면
목표에 다가가고 있음을 실감할 수 있을 뿐 아니라
그 글이 앞으로 나아갈 수 있도록 자신을 이끌어 줍니다.

평소 자신의 생각이나 꿈을 글로 쓰고 있나요?

지혜에 가까이 가는 방법이 있다.
첫째, 침묵할 것.
둘째, 상대 이야기에 귀를 기울일 것.
셋째, 그 이야기를 자기 안으로 흡수할 것.
넷째, 그것을 실천으로 옮길 것.
다섯째, 다른 사람에게 가르쳐 줄 것.

이븐 가비롤 Ibn Gabirol
시인, 철학자

자신이 알고 있는 지식을 온몸으로 체득하고자 할 때
가장 빠른 지름길은 무엇일까요?
다른 사람에게 가르쳐 주는 것입니다.

다른 사람에게 가르치려면 먼저 정확하게 알아야 합니다.
그 과정에서 이전에 몰랐던 부분들을 알게 되고,
의외의 질문을 받다보면 예전과 다른 시점으로 보거나
잘 알고 있다고 생각했지만
실은 전혀 이해하지 못했다는 사실을 깨달을 수도 있습니다.

배움에는 끝이 없습니다.
배움을 그만두면 지식은 굳어버리고,
변화하는 세상의 흐름을 읽을 수 없습니다.

당신은 자신이 알고 있는 것을 남에게 가르쳐 주면서
한 단계 발전하고 있나요?

지혜

智慧

75

많은 일을 해내는 가장 빠른 지름길은
한 번에 한 가지씩 처리하는 것이다

리처드 세실 Rechard Cecil
성직자

많은 일을 껴안고 어떻게 해야 좋을지 몰라
전전긍긍하고 있나요?

그럴 땐 어떻게 하면 좋을까요?

최근 집중적으로 한 가지 일을 처리하면서
새삼 깨달은 것이 있습니다.

"어떤 분야든 성과를 올리는 비결은
열쇠가 되는 일에 전념하는 것이다!"

전심전력을 기울여 한 가지 일에 집중하면
문제해결 능력이 놀라울 정도로 높아지기 때문입니다.
유한한 인간의 능력을 최대치로 끌어올리는 것
그것은 집중력입니다.

지금 당신은
한꺼번에 여러 가지 일을 껴안고 고민하고 있지는 않나요?

이 세상에 "내가 말하는 대로 해라."라고
말하는 사람은 많습니다.
그런 사람은 어디서든 찾아볼 수 있습니다.
하지만 "내가 하는 대로 해라."라고
말할 수 있는 사람은 거의 없습니다.

하워드 더블유 헌터 Howard W. Hunter
종교인

성공하고 싶지 않은 사람은 아무도 없습니다.
그렇다면 어떻게 해야 성공이란 두 글자를 손에 넣을 수 있을까요?

성공의 계단에 올라서려고 할 때,
가장 빠른 비결은
'성공한 사람을 모델링하는 것'입니다.

모델링은
일정한 결과를 내는 사람의 방법을 흉내 내어
자신도 똑같은 결과를 내는 것입니다.

그때 가장 중요한 점은
누구를 목표로 삼을 것이냐 하는 것입니다.

당신의 롤모델은 누구인가요?

위대한 천재란
남의 도움을 가장 많이 받고 있는 사람이다.

랄프 왈도 에머슨 Ralph Waldo Emerson
사상가, 철학자, 시인

태어날 때부터 천재였던 사람도 있고
열심히 노력하여 천재라 일컫는 반열에 오른 사람도 있습니다.

태어날 때부터 천재가 아니라면
다른 사람의 뛰어난 점을 찾아내어 흉내 내는 수밖에 없습니다.
그것만이 상대의 장점을 내 것으로 만드는
가장 빠르고 유일한 방법이니까요.

중요한 것은 결과만을 위해 단순히 흉내 내는 것이 아니라
그가 왜 그 길을 걸어갔는지 아는 것입니다.

"천재는 어떻게 그곳에 도착했는가?"
이런 의문을 가지고 그 과정을 이해하면
당신도 당신만의 길을 만들어낼 수 있습니다.

지금,
자신이 가려고 하는 길에서 성공한 사람을 벤치마킹하고 있나요?

훌륭한 일을 하기 위해서는
나 혼자 하기보다 다른 사람의 도움을 받는 편이 좋다.
이런 사실을 깨달았을 때,
그 사람은 위대한 성장을 이룰 수 있다.

앤드류 카네기 Andrew Carnegie
카네기 철강 창업자

인간은 결코 혼자 살아갈 수 없습니다.
혼자 해낼 수 있는 일에는 한계가 있습니다.

성공의 갈림길은
"어떻게 하면 다른 사람의 도움을 잘 받을 수 있을까?"입니다.

직장의 선배나 후배, 또는 주위사람들의 도움을 받으려면
도움의 손길을 내밀거나
자발적이고 협조적인 도움을 받아야 합니다.

그러기 위해선 평소 내가 먼저
곤경에 빠졌거나 도움이 필요한 이들에게 손을 내밀어야 합니다.
어려울 때 힘이 되어준다면 인간관계가 더욱 돈독해지고 깊어집니다.

좋은 인간관계는 인생의 단단한 토대가 되어줍니다.
지금, 성공의 밑바탕을 이루는, 좋은 인간관계를 만들고 있나요?

지식도 중요하지만 지혜를 더 사용하라!
지식은 비교적 쉽게 손에 들어오지만
지혜는 커다란 노력과 경험이 없으면 손에 넣을 수 없다.

안도 모모후쿠 安藤百福
닛신식품日清食品 창업자

지식과 지혜의 차이를 알고 있나요?
지식과 지혜는 언뜻 비슷하게 보이지만 전혀 다릅니다.

지식은 단지 '아는 것'입니다.
지혜는 사물의 이치나 상황을 제대로 깨닫고
문제가 생겼을 때 현명하게 대처할 방도를 생각해 내는 정신적인 능력
입니다.

책을 많이 읽는다고 해서 지혜가 생기는 것은 아닙니다.
지혜는 직접 부딪치며 체득하고,
경험을 통해 몸과 마음에 배어드는 것입니다.

온몸으로 익히고,
수많은 문제를 해결해야만 얻을 수 있는 지혜는
인생을 살아가는 데 더없이 귀중한 재산입니다.

당신은 지금 직접 문제에 부딪치면서 목적지에 도달하려고 노력하나
요?

지혜

智慧

———

85

부를 축적하는 사람은
빠른 결단력을 가지고,
한 번 내린 결정을 변경할 때는
시간을 충분히 들인다.
반대로
부를 축적하는 데
실패한 사람은
결단이 매우 느리고
변경은 굉장히 빠르다.
더구나
무턱대고 변경을 한다.

나폴레옹 힐 Napoleon Hill
작가

결단을 내릴 때 가장 크게 작용하는 것은 직감입니다.

직감은 어림짐작으로 대충 판단하는 것이 아닙니다.
그때까지 얻은 지식과 지혜, 경험, 삶의 깊이, 인간관계 등
인생에서 얻은 모든 것이
판단을 내리는 순간 섬광과 같이 드러납니다.

지혜

智慧

87

따라서 여러 선택의 갈림길에서 방황할 때는
자신의 직감을 믿어야 합니다.

그리고 결단을 내렸다면 용기를 갖고
계속 도전해 나가는 것이 중요합니다.

결단은 신속하게, 변경은 신중하게 하고 있나요?

뿌린 대로 거둔다.
왕도는 없다.
그것이 수확의 법칙이다.

스티븐 코비 Stephen Covey
작가, 경영 컨설턴트

많이 거두고 싶다면 한 가지 방법밖에 없습니다.
많이 뿌리는 것입니다.

오늘은
어제까지 밭을 갈고 씨를 뿌린 뒤
열심히 손질한 결과입니다.

지혜

따라서 오늘 밭을 갈고 씨를 뿌린 뒤 손질하지 않으면
내일은 거둘 것이 없습니다.

智慧

89

얻고 싶은 성과를 손에 넣으려면
기본으로 돌아가야 합니다.

"밭을 갈고, 씨를 뿌리고, 손질한다."
이 세 가지에 충실하면
원하는 것을 거둘 수 있습니다.
땅은 거짓말을 하지 않으니까요.

혹시 씨도 뿌리지 않고 거두려고 하지는 않나요?

전문화한 지식만으로는 아무것도 만들어낼 수 없다.
일에 사용해야만 비로소 생산적인 존재가 된다.

피터 드러커 Peter Ferdinand Drucker
경영학자, 작가

삶의 질을 높이기 위해
책을 읽거나 세미나에 참가하는 등
많은 지식을 얻는 것은 좋은 일입니다.

하지만
지식을 가치 있는 것으로 만들기 위해 가장 중요한 것은
바로 실천입니다.

수많은 지식이 집약이 된 책이나 정보, 유익한 강의 등으로
넘쳐나는 지식의 홍수 속에서
배운 것을 적용하고 실천한다면
그것이야말로 삶의(업무)의 질을 높이고
다른 이에게도 전해줄 수 있는 소중한 지식이 될 것입니다.

우리에게 부족한 것은 지식이 아니라 행동력이 아닐까요?

당신은 새롭게 알게 된 지식을 행동으로 옮기고 있나요?

지식은
물건을 팔아서
돈을 벌기 위한
가게가 아니라
인간을 구제하기 위한
풍요로운 창고이다.

프랜시스 베이컨 Francis Bacon
신학자, 철학자

지식을 갖고 있다면
세상을 위해 올바르게 사용해야 합니다.
그것이 선지자先知者의 책임이자 의무입니다.

그러려면 지식의 양보다
지식을 얻는 목적을 명확하게 알아야 합니다.

좋은 지식은 세상에 커다란 영향을 미칩니다.
따라서 지식을 갖고 있다면
그 지식을 어떻게 사용할지 신중하게 고민해야 합니다.

사업가가 끊임없이 배우는 까닭은
고객의 필요를 채우고 맡은 바 사명을 감당해야 할 몫이 있기 때문입니다.

이 사실을 깨닫는다면
사업은 저절로 번창합니다.

지금,
시간과 노력을 들여 지식을 얻는 이유는 무엇인가요?

지 혜

智慧

———

93

해결책을 모르는 게 아니라 문제를 모르는 것뿐이다.

길버트 체스터튼 Gilbert Keith Chesterton
작가, 비평가

일을 하다보면
벽에 부딪히거나 장애물을 만나는 일이 한두 번이 아닙니다.

그런 경우에는 지금 일어난 문제의 근본적인 원인을 찾고,
상황을 정확하게 진단하는 것이 중요합니다.

지혜

현실을 정확하게 파악하지 못하면
사태는 점점 악화되거나   智慧
엉뚱한 방향으로 나아갈 수밖에 없습니다.
                                                              95

문제 앞에서 전전긍긍하지 말고
조금 멀리서 전체를 내려다보는 것이 어떨까요?
그런 다음 문제의 핵심이 되는 부분을 객관적으로 바라보면
해결책을 이끌어낼 수 있으니까요.

지금,
사태를 정확하게 파악하기 위해 노력하고 있나요?

상대의 단점을 지적해봤자 얻을 것은 하나도 없다.
나는 항상 상대의 장점을 인정하고
그로 인해 많은 이익을 얻었다.

괴테 Johann Wolfgang von Goethe
작가, 시인, 과학자

이 세상에 단점이 없는 사람은 어디에도 없습니다.

하지만 내 눈에만 단점으로 보일 뿐,
다른 사람의 눈에는 장점으로 보일 수도 있지 않을까요?

단점을 지적받았을 때 그것을 인정하기란 쉽지 않습니다.
누구나 자신의 단점은 쉽게 인정하고 싶지 않기 때문입니다.

상대방의 단점을 지적하기보단
장점을 찾아보는 편이 어떨까요?

장점을 찾아내어 그것을 발전시키도록 도와준다면
인간관계도 좋아지고
자신에게나 상대에게도 좋은 결과로 이어질 것입니다.

당신은 상대의 단점을 봅니까? 장점을 봅니까?

4章

습관

나를 이끌어 주는

習慣

약속을 반드시 지키는 습관을 가지면
신뢰의 다리를 만들 수 있다.
그 다리가 당신과 사람들 사이에 놓인 강을
뛰어넘게 해줄 것이다.

스티븐 코비 Stephen Covey
작가, 기업인, 컨설턴트

크고 작은 기업의 총수들이
주주나 고객, 사원, 또는 사회에
기업이 담당해야 할 역할을
선언하고 실천하고 있습니다.

이는 사회적 지위에 상응하는 도덕적 의무인
노블리스 오블리제Noblesse Oblige의 하나입니다.

'선언'에는 반드시 약속을 지키겠다는 뜻과 함께
약속을 책임지겠다는 강한 결의와 각오, 의지가
포함되어 있습니다.

외부의 압력이 아니라
자신의 의지로 결정하고 선포할 때
진정한 의미의 선언이라고 할 수 있습니다.

당신은 주위 사람들을 위해, 사회를 위해
어떤 일을 하겠다고 선언하고 있나요?

인간은 웃음이라는 능력을 가졌기에
어떤 동물보다 뛰어나다.

조지프 애디슨 Joseph Addison
시인, 극작가, 정치가, 에세이스트

웃음이 몸과 마음에 좋다는 것은
의학적으로도 증명되고 있습니다.

구태여 의학을 들먹이지 않더라도
웃으면 기분이 좋아지고
웃으면 마음이 밝아지며
웃으면 주위 사람들까지 행복해집니다.

항상 밝게 웃는 사람을 보면
나도 모르게 덩달아 웃고 싶고,
우울했던 기분까지 멀리 날아갑니다.

마음의 건강을 위해,
주위 사람들을 위해,
매일 의식적으로 웃고 있나요?

하루에 3시간씩 걸으면
7년 후에는 지구를 한 바퀴 돌 수 있다.

새뮤얼 존슨 Samuel Johnson
시인, 평론가

천리 길도 한 걸음부터.

마찬가지로
작은 일이라도 매일 한 가지씩 계속하면
아무리 큰 목표라도 언젠가 이룰 수 있습니다.

포기하지 않고 계속 노력하려면 인내가 필요하지만,
꾸준히 계속하다보면 자기도 모르는 사이에
습관이 되는 법입니다.

의욕이 넘치는 시간대에
새로운 일을 시작하여,
이를 습관으로 만드는 것은 어떨까요?

지금,
포기하지 않고 계속하고 있는 습관이 있나요?

성공의 비결은 목적을 달성하기 위한 초지일관에 있다.

벤저민 디즈레일리 Benjamin Disraeli
정치가

최고의 자리에 오르려면
자신이 서 있는 위치와 역할을 정확하게 알고,
어떤 일에도 흔들리지 않는 '자신만의 축軸'을 세워야 합니다.

경영방침이나 고객을 대하는 태도 등이
처음부터 끝까지 한결같다면
어떤 라이벌이 나타나도 흔들리지 않는 브랜드를
만들어낼 수 있기 때문입니다.

습관

習慣

——

107

브랜드는 단순히 상품을 알리기 위한 상표가 아니라
고객의 머릿속에 독자적인 세계관을 만드는 것으로,
'자기다움'이라고 할 수 있습니다.

지금,
고객에게 제공하는 가치나 서비스는 한결같은가요?

기회는 어디에나 있다.
낚싯대를 던져놓고 항상 준비 자세를 취하라.

오비디우스 Publius Ovidius Naso
시인

낚싯바늘과 낚싯대가 많을수록
물고기를 낚을 확률도 높을 수밖에 없습니다.

낚시를 할 때 가장 중요한 것은
어떤 물고기를 노릴지 정확하게 정하는 것입니다.

그런 다음에는 그 물고기에 맞는 미끼나 환경 등을 연구하고,
주변을 자세히 살펴보면서
물고기가 숨어 있을 만한 포인트를 찾아내야 합니다.

아무리 물고기가 많아도
낚싯대를 드리우지 않으면 물고기를 잡을 수 없습니다.

성공하고 싶은가요?
그렇다면 우연한 기회를 기다리지 말고
스스로 먼저 좋은 계기를 만든 다음,
어떤 상황에도 대처할 수 있도록 준비해야 합니다.

지금,
좋은 기회를 잡기 위해 준비 자세를 취하고 있나요?

습관은 진주 목걸이다.
매듭을 풀면 모든 게 풀려 버린다.

작가 미상
러시아

운전이든 운동이든
처음에는 누구나 초보자일 수밖에 없습니다.
어느 분야든지 하루아침에 달인이 될 수는 없습니다.

달인의 경지에 도달하려면
그만한 습관을 들여야 합니다.

프로 선수들이
보통 사람은 상상도 할 수 없는 연습량을
매일매일 습관처럼 반복하고 있는 것처럼 말이지요.

목표를 달성하려면
하루도 빼놓지 않고 실행해야 합니다.

원하는 것을 얻기 위해 지금 어떤 습관을 들이고 있나요?

위업을 달성한 사람들은 갑작스런 도약으로 그곳에 도달한 게 아니다.
동료가 잠든 사이에 위를 향해 열심히 노력한 결과이다.

헨리 롱펠로 Henry Wadsworth Longfellow
시인, 대학교수

1등이 되고 싶으신가요?
그러면 한 가지 방법밖에 없습니다.

진정한 프로가 되기 위해서는
1등이 될 수 있는 분야를 정확히 찾아낸 뒤,
마음을 한데 모아 끊임없이 노력해야 합니다.

이것은 어느 분야나 마찬가지 아닐까요?

누구나 높은 곳에 오르기 위해 노력하고 있습니다.
그러나 중요한 점은 그곳이 정말로 열정을 갖고 도전할 분야인가 하는
것입니다.

습관

習慣

113

정상으로 향하는 과정이 즐겁지 않으면
결코 자신을 단련할 수 없기 때문입니다.

동료가 잠들어 있을 때에도
자신의 능력을 높이기 위해 노력한 적이 있나요?

배는 목적지에 확실히 도착해야 한다.
목적지에는 배에 있는 물건을 애타게 기다리는 사람들이 있다.
따라서 맑은 날에도 폭풍우 치는 날에도
오직 항구를 향해 나아가야 한다.

오리슨 마튼 Orison Marden
작가, 사상가

비즈니스에 종사하는 사람이라면 누구나
자신을 필요로 하는 소중한 고객이 있습니다.
고객이 없는 비즈니스는 애초에 존재할 수 없으니까요.

비즈니스를 하기 위해서는
어떤 상황에서도 고객을 우선으로 생각해야 합니다.

습관

習慣

———

115

기업의 매출을 올려주고,
사회에 공헌하는 기쁨을 안겨주는 가장 강력한 힘이
고객이기 때문입니다.

고객을 위해서라면 비바람이 불거나
눈보라가 몰아쳐도 그 자리에 멈추지 말고
앞을 향해 나아가야 합니다.

지금 당신에게
가장 강력한 에너지를 공급해주는 사람은 누구인가요?

당신은 지금 당신의 미래를 보고 있습니다.
당신이 가장 많은 시간을 함께 보내는 사람들,
그들이 바로 당신의 미래의 모습이니까요.

로버트 기요사키 Robert Toru Kiyosaki
작가, 사업가

인생은 누구와 함께 하느냐에 따라 크게 달라집니다.

진심으로 존경하거나
롤 모델로 삼는 사람을 따르고 배움으로써
지금의 환경이나 습관을 바꿀 수 있으면
미래를 좋은 방향으로 이끌어 나갈 수 있습니다.

습관

習慣

———

117

그러기 위해서는 자신의 가능성을 믿고
꿈을 응원해 주는 파트너나
나를 신뢰해주는 사람들과 깊은 관계를 맺고
그들과 함께 지내는 시간을 늘려야 합니다.

가까이 지내는 사람과는 인생관이나 생활습관은 물론이고
얼굴까지 닮게 됩니다.

지금 자신과 가장 오랜 시간을 함께하는 사람을 여섯 명 짚으라 하면,
당신은 누구를 꼽겠습니까?

내 일을 사랑하고
그날 일을 완벽하게 해내서 만족스럽다.
이런 마음으로 저녁 식탁에 앉을 수 있는 사람이
세상에서 가장 행복한 사람이다.

존 워너메이커 John Wanamaker
워너메이커 백화점 창업자

일이란 무엇일까요?
사람들은 왜 일을 하려고 할까요?

일은 사람들의 찬사를 받을만한 결과를 내고,
그들로부터 좋은 평가를 얻기 위한 과정입니다.

일을 할 때 가장 중요한 것은
끝까지 완수하는 것입니다.

누군가에게 도움이 되는 일을 하고,
그 일을 완수함으로써 성취감을 느끼다보면
다음 일로 이어질 수 있는 추진력과 에너지를 얻을 수 있습니다.

시작한 일은 끝까지 마무리하고 있나요?

배우기를 그만둔 사람은
20세이든 80세이든 늙은 것이다.
계속 배우는 사람들은 누구나 젊음을 가지고 있다.
삶에서 가장 위대한 일은 자신의 마음을 젊게 유지하는 것이다.

헨리 포드 Henry Ford
포드자동차 창업자

성공하는 비결은 계속 배우는 것입니다.

계속 배우는 이유는
지금보다 더 성장하고 싶기 때문입니다.

나이나 지위에 따라 주어지는 사명도 달라집니다.
나이가 많을수록, 지위가 올라갈수록
요구되는 성과도 달라집니다.

새로운 돌파구가 필요하다면
계속 배우는 수밖에 없습니다.

스스로 배우고 공부하고 있나요,
아니면 마지못해 공부하는 척 하고 있나요?

당신의 대답이 당신이 도달할 수 있는 위치를 정해줍니다.

당신이
하고 싶지 않은 것을
매일 어김없이 하도록 하라.
이것은 고통을 느끼지 않고 의무를
수행하는 습관을 얻을 수 있는 황금률이다.

마크 트웨인 Mark Twain
작가

꿈이 있는 사람은
자신이 세운 목표를 향해 착실히 노력할 수 있습니다.

이 노력을 계속하기 위해서는
감정의 흔들림에 좌우되지 말고,
해야 할 일을 꾸준히 할 수 있는
환경을 만들어야 합니다.

그러려면 이루고 싶은 목표를 명확히 밝히고,
목표를 실현할 올바른 방법을 배워야 하며,
그곳에 가기 위한 실천 방법을
매일 몸에 익히고 쌓아야 합니다.

꿈을 실현하는 가장 중요한 비결은
매일 실천하면서 습관화하는 것입니다.

꿈을 이루기 위해,
하기 싫어도 매일 하려고 노력하는 것이 있나요?

자신의 모든 행동은
시시하고 하찮은 것일지도 모른다.
하지만 중요한 것은 행동했다는 것이다.

마하트마 간디 Mahatma Gandhi
정치지도자, 사상가

나는 작지만 강한 습관 한 가지를 매일 실천하고 있습니다.
'그날 생각한 것은 즉시 행동을 옮기기'입니다.

운동을 하거나 지하철을 타고 가다
문득 아이디어가 생각나는 경우가 있는데,
그럴 때는 즉시 메모지나 휴대전화에 기록을 합니다.

빛나는 아이디어라도 시간이 지나면
잊어버리는 일이 많기 때문입니다.

사소한 행동이지만, 그렇게 적어둔 메모나 아이디어가 실제 업무에
얼마나 큰 도움이 되는지 모릅니다.

평소,
가장 신경 쓰고 있는 행동은 무엇인가요?

5
章

행동

나를 움직이게 만드는

行動

나는 마음이 내키기를 기다리지 않는다.
그러면 아무것도 이룰 수 없다.
일단은 시작부터 해야 한다.

펄 벅 Pearl Sydenstricker Buck
소설가, 시인, 인권운동가

목표를 세우고 꿈을 향해 달려가고 싶지만
우물쭈물 거리기만 할 뿐
아무것도 이루지 못할 때가 있습니다.

그런 경우에는 일단 첫걸음을 내딛고
무조건 시작하는 것이 중요합니다.

행동

行動

129

손이나 몸을 움직이면 저절로 의욕이 생기고
아이디어가 솟구치기 때문입니다.

의욕이 생기고 나서 시작하려고 하지 말고,
먼저 시작해 보세요.
그 다음은 무엇을 해야 할지 저절로 알게 될 것입니다.

마음이 내키지 않을 때라도 당신은 그 즉시 시작할 수 있나요?

인간은 너무 많이 일해서
쓸모없어지기보다
너무 많이 쉬어서
녹이 슬고
쓸모없어지는 편이 훨씬 많다.
최고의 서비스를
추구하는 사람이
가장 많은
이익을 얻는다.

커넬 샌더스 Harland David Sanders
KFC 창업자

KFC의 창업자인 커넬 샌더스는
40세에 커다란 꿈을 품고 창업했지만,
65세에 경영난으로 모든 재산을 잃어버립니다.

하지만 그는 결코 포기하지 않고 다시 일어서
마침내 세계 최초로 '프랜차이즈 사업'을 탄생시켰습니다.
또한 프라이드치킨의 조리법을 가르쳐주는 대신
매출의 일부를 받는 새로운 비즈니스 모델을 고안해낸 것입니다.

그 비즈니스 모델은 결코 순탄하지 않았습니다.
1009개나 되는 회사로부터 거절당한 뒤,
1010번째 회사에서 겨우 계약을 맺음으로써
KFC의 위대한 역사가 시작되었습니다.

나이가 많아도, 재산이 없어도 상관없습니다.
불굴의 정신만 있으면
바닥에서 다시 시작할 수 있으니까요.

아무것도 없는 제로 상태에서
다시 시작할 수 있는 용기를 당신은 가지고 있나요?

자전거는 달려야 넘어지지 않는다.
요령이 좋은 사람들은 불안정한 세상에서 자유롭게 돌아다닌다.

알랭 Alain
철학자, 평론가

대부분의 사람들은 주변 상황이 불안정해지면
행동을 즉시 멈추어 버립니다.

하지만 아무리 상황이 불안정할지라도
미래를 위해 달려가려면
결코 멈추어서는 안 됩니다.

시행착오를 거듭하더라도
페달에서 발을 떼지 않고 가다보면
경험이 쌓이면서 조금씩 능숙해지는 자신을 발견할 수 있습니다.

자전거는 페달을 밟을 때보다
멈춰 있을 때가 더 위험합니다.

지금,
페달을 밟은 발에서 힘을 빼고 있지는 않나요?

인생의 1시간을 낭비하고도 아무렇지 않은 사람은
아직 인생의 가치를 발견하지 못한 것이다.

찰스 다윈 Charles Robert Darwin
생물학자, 지질학자

모든 사람에게 공평한 것이 한 가지 있습니다.
그것은 시간입니다.
하루의 길이는 열심히 사는 사람에게도 24시간,
열심히 살지 않는 사람에게도 24시간입니다.

이 시간을 어떻게 사용하느냐에 따라
인생에서 성공하느냐 실패하느냐로 나누어집니다.

큰 뜻을 품고 있는 사람은 시간의 소중함을 잘 알고 있습니다.
하루에 1시간은 얼마 되지 않더라도
365일이면 얼마나 큰 시간이 되는지,
그 시간이면 얼마나 많은 일을 할 수 있는지를 압니다.

한 시간의 진정한 가치를 깨닫고,
작은 시간도 헛되게 보내서는 안 됩니다.

자신의 미래를 위해,
시간을 알차게 활용하고 있나요?

시간은 항상 충분하다. 제대로 사용하기만 한다면.

괴테 Johann Wolfgang von Goethe
작가, 시인, 과학자

너무 바빠서 할 수 없다고 말하는 사람이 있습니다.
시간이 없어서 할 수 없다고 변명하는 사람도 있습니다.
그런 사람에게 정말로 없는 것은
시간이 아니라 의지 아닐까요?

바쁘다는 말을 입버릇처럼 사용해서는 안 됩니다.

그러면 일을 효율적으로 처리하지 않고
자기도 모르는 사이에
스스로의 한계를 끌어내리기 때문입니다.

인간은 절박한 상황에 몰리면
상상도 할 수 없는 엄청난 힘을 발휘하게 됩니다.

마감이 코앞에 다가오면 시간을 효율적으로 활용하고,
단기간에 성과를 올리는 시스템을 만들어냅니다.

당신은 지금,
한정된 시간 안에 효율적으로 일하는 방법을 알고 있나요?

누군가로부터 좋다고 인정받기 전에
아이디어를 실행에 옮겨야 한다.
시도하지 않은 좋은 아이디어보다
시도해본 나쁜 아이디어가 훨씬 낫다.
아이디어는 많이 사용할수록
사람들에게 인정받을 수 있다.

폴 아덴 Paul Arden
크리에이터

새로운 일을 시작하려고 할 때 가장 중요한 것은 무엇일까요?
할 수 있느냐, 할 수 없느냐가 아니라
진심으로 하고 싶은가, 하고 싶지 않은가입니다.

자신의 의지로 결단을 내리고
아직 시도하지 않은 아이디어를 실험해볼 만큼 열정을 쏟을 수 있다면
얼마든지 사람들을 움직일 수 있습니다.

쓸데없는 아이디어라고 쓰레기통에 버리지는 않나요?
좋지 않은 아이디어라도 계속 시도하다 보면
거기서 새로운 발견을 만나기도 합니다.

지금,
사소한 아이디어라도 끊임없이 시도해보고 있나요?

최고의 명예는 결코 쓰러지지 않는 게 아니다.
쓰러질 때마다 일어서는 것이다.

공자 孔子
사상가, 철학자

누구나 괴롭고 힘들어
기운이 나지 않을 때가 있습니다.
모든 것을 포기하고 싶은 마음이 들기도 합니다.

하지만 한번 실패했다고 해서 고개를 떨구어서는 안 됩니다.
그런 때일수록 가슴을 쭉 펴고
기운을 내야 합니다.

몸의 상태는 마음이 정하는 법입니다.
마음가짐에 따라 몸이 반응하게 됩니다.

이번에 도전했다가 실패했나요?
다시 일어설 수 있는 좋은 기회입니다.
실패를 통해 배우고 자신을 연단하는 기회로 삼으세요.

당신은 쓰러질 때마다 다시 일어나고 있나요?

신이 인간에게 평등하게 준 것은 시간뿐이다.
시간을 효과적으로 사용하느냐 마느냐는
그 사람의 재능에 달려 있고,
시간을 멋지게 이용한 사람만이
성공을 거머쥘 수 있다.

혼다 소이치로 本田宗一朗
혼다 창업자

흔히 성공한 사람에게 가장 중요한 것은 시간관리라고 합니다.
하지만 정말로 중요한 시간관리가 아니라
행동관리가 아닐까요?

"일정한 시간 안에 무슨 일을 하고, 어떻게 행동하느냐?"
성공하려면 시간을 관리해야 하는데,
행동을 관리할 수 있다면 시간은 저절로 관리할 수 있기 때문입니다.

한 사람 한 사람 각자 가지고 있는 재능과 개성도 다르고
자신이 이루어야 할 사명과 사회에 공헌하고 싶은 것도
다릅니다.
어떻게 하면 자신의 행동과 시간을 관리할 수 있을까요?

다음을 명확히 해야 합니다.
"첫째 커다란 목적, 둘째 무엇을 위해서, 셋째 왜."
이 세 가지를 머릿속에 떠올리고 행동을 관리하면
시간은 얼마든지 효율적으로 관리할 수 있습니다.

당신은 지금
시간을 효율적으로 사용하고 있다고 자신하나요?

행동

行動

___

143

빨리 움직일수록 발가락을 찧기 쉽지만
그만큼 어딘가에 도착할 가능성도 커진다.

찰스 케터링 Charles Franklin Kettering
발명가, 사회철학자

실패가 두려워 아무것도 하지 않고
그 자리에 머물러 있지는 않나요?

실패할까봐 움직이지 않는 것보다
적극적으로 결단을 내리고 과감하게 도전하는 편이
성공 가능성에 더 가까워질 수 있습니다.

결단만 내릴 수 있으면,
그것을 달성하기 위해 어떤 일이라도 할 수 있기 때문입니다.

꿈과 목표를 이루기 위해서는
무슨 일이 있어도 그 일을 해내야겠다는
강한 의지와 집념이 필요합니다.
그리고 행동해야 합니다.

좀더 일찍 시작할 걸 하고 후회되는 일은 없나요?
오늘부터 움직여야 할 일이 있다면 그것은 무엇인가요?

행동

行動

———

145

위대한 작곡가들은
의욕이 솟구쳤기 때문에
작곡을 시작한 게 아니다.
작곡을 시작했기 때문에
의욕이 솟구친 것이다.

어니스트 뉴만 Ernest Newman
음악평론가

일을 해야 하는데
좀처럼 의욕이 나지 않을 때가 있습니다.

이럴 때는 즉시 시작할 수 있는
간단한 일부터 하는 것이 어떨까요?
그것이 자신이 좋아하는 일이라면 더 좋겠지요.
그러면 자기도 모르는 사이에 점점 의욕이 샘솟을 것입니다.

크게 의식하지 않고 시작할 수 있는 일을 하다보면
어느새 뇌를 자극하여
그날 하루를 힘차고 활동적인 시간으로 만들어 줍니다.

그 자리에 멈춰 있지 말고
첫걸음을 내딛을 수 있는 방법을 연구해보세요.

큰 프로젝트를 앞두고 작은 일부터 시작한 경험이 있나요?

하루를 별다른 기쁨이나 만족감 없이
단지 빈둥빈둥 지낸다면 인생이 너무나 아깝지 않은가?

마쓰시타 고노스케 松下幸之助
파나소닉 창업자

어떻게 해야 인생을 의미 있게 보낼 수 있을까요?

하루하루를 의미 있게 살기 위해서는
가치있는 일을 계획하고 실천해야 합니다.

아침 일찍 일어나 그날 할 일을 메모하고,
우선순위가 높은 일부터 시작해보세요.

목표를 위해 장기적인 계획을 세우는 것도 중요하지만,
진정한 목표를 이루기 위해서는
어떻게 하면 오늘 하루를 가치 있게 보낼 것인가를 생각해보아야 합니다.

당신은 지금,
기쁨 없이 그저 하루를 보내고 있지는 않나요?

효과가 있었던 일은 계속하고
효과가 없는 일은 당장 그만두어라.
그만큼 새로운 곳에 도전하면 된다.

잭 캔필드 Jack Canfield
작가, 카운슬러

아무리 좋아하는 일이라도
같은 일을 반복하다 보면
정체기를 겪을 때가 있습니다.

이 시기를 극복하려면 한 가지 방법밖에 없습니다.
현재 상태에 만족하지 않고 새로운 것에 도전한 다음,
계속 실천하고 실험하는 것입니다.

눈부신 성과와 최대의 효과를 올리기 위해서는
자신의 행동 계획에 대해 가설과 검증을 반복하면서
그 일에 온 힘을 쏟아야 합니다.

혹시 정체기에 빠졌을 때
고민만 하고 있지 않나요?

뛰어난 아이디어를
전부 스스로 생각해내는 것은
누구에게도 불가능하다.
중요한 것은 배우는 스피드이고,
뛰어난 아이디어를 실행하는 능력이다.

마이클 델 Michael Saul Dell
델 컴퓨터 창업자

어떻게 하면 새로운 상품을 기획해서
성공시킬 수 있을까요?

새로운 상품이나 서비스를 기획할 때는
자사自社의 강점을 파악한 뒤, 경쟁제품을 조사하고 분석하고
적절한 타이밍에 발매해야 합니다.

신중하게 기획안을 만드는 것도 중요하지만
경쟁사보다 빨리 행동하지 않으면
지금과 같은 스피드 시대에 살아남을 수가 없습니다.

기존의 제품의 단점을 개선하면서,
예전에 찾아볼 수 없는 참신한 서비스를 덧붙인다면
얼마든지 성공의 대열에 올라설 수 있습니다.

지금,
모든 일을 혼자 해내려고 하다가 경쟁에서 밀리고 있지는 않나요?

그림이든 다른 예술이든,
뛰어난 작품을 만들기로 결심했다면
아침에 일어나서 밤에 잠들 때까지
온 정신을 그곳에 쏟아야 한다.

조슈아 레이놀즈 Sir Joshua Reynolds
화가

예술가만이 아니라 경영자를 비롯하여
각 분야의 프로로 활약하고 있는 이들에게는
그들만의 성공 비결이 있습니다.

단지 운이 좋아서 일류가 된 사람은 아무도 없습니다.
오랫동안 끊임없이 노력한 결과 부와 명성,
인기와 환호를 한몸에 받는 것입니다.

행동

行動

———

155

프로 축구선수를 보더라도
어린 시절부터 혹독한 훈련을 견뎌냈으며,
어떤 시합에서도 강인한 정신력을 보여줍니다.

상금이나 등수에 욕심을 내는 것만으로는
혹독한 훈련을 견뎌낼 수 없습니다.
프로선수들이 가장 큰 기쁨을 얻는 것은
관중들에게 멋진 플레이를 보여주었을 때라고 합니다.

당신은 아침부터 밤까지
어떤 일에 온 정신을 쏟고 있나요?

온갖 방법을 다 썼다고 생각하지 마라!
스스로 절벽 끝자락에 서라.
그때 비로소 새로운 바람이 불 것이다.

마쓰시타 고노스케 松下幸之助
파나소닉 창업자

절체절명의 위기에 놓였을 때,
모든 것을 포기한 채 두 손 들고 항복하지는 않나요?

그런 때에 오히려 가장 효율적인 방법과
집중해야 할 포인트를 발견하고,
급성장하는 경우가 있습니다.

그러려면 평소 냉정하게 판단할 수 있는 정신력과
어떤 상황에서도 결코 포기하지 않는 신념을 키워야 합니다.

성공한 사람들 중에는 스스로를 강하게 단련하기 위해
일부러 험난한 길을 선택하고,
막다른 곳까지 자신을 몰아넣는 이들이 많습니다.

그렇게 혹독하게 수행하고 훈련해야만
비로소 영감이 번뜩이고
앞으로 어떻게 해야 할지 눈에 보이기 때문입니다.

당신은 어떤 경우에도 결코 포기하지 않는 신념을 가지고 있나요?

기회는 내 안에 있다.
운이나 환경, 다른 사람이
주는 것이 아니라
오직 내 안에 있을 뿐이다.

오리슨 마든 Orison Marden
작가, 사상가

어떻게 해야 기회를 손에 넣을 수 있을까요?

기회를 손에 넣고 싶다면
작은 것이라도 자신만의 힘으로 얻은 결과가 있어야 합니다.

기회는 우연히 나타나는 것이 아니라
목표를 이루기 위해
오랫동안 준비하고 행동하는 사람에게만
찾아오는 행운입니다.

행동

行動

기회의 열쇠를 쥐고 있는 것은
운이나 환경, 다른 사람이 아니라
바로 자신입니다.
당신만이 당신 자신에게 기회를 줄 수 있습니다.

159

지금, 기회를 끌어당기기 위해 행동하고 있나요?

일 잘하는 사람이란
스스로 일을 찾아서,
스스로 그 일을
처리하는 사람이다.

규 에이칸 邱永漢
작가, 사업가, 경제평론가

어떻게 하면 일 잘하는 사람이라는 평가를 들을 수 있을까요?

회사에는 두 부류의 사람이 있습니다.
회사에 와서 일을 하는 사람과
회사에서 성과를 내는 사람.

주어진 일만 매일 똑같이 반복하는 사람은
결코 발전이나 성장을 이룰 수 없고,
인생도 결실을 맺을 수 없습니다.

성공하는 사람은 고객과 조직을 위해
늘 새로운 것을 만들어냅니다.

창업가 정신을 가지고 열심히 연구하는 사람에게
더 큰 일을 맡기게 되고
그런 사람이 귀중한 인재라는 평가를 듣습니다.

당신은
'이렇게 일해도 되는가?'라는 의문을 스스로에게 던지고 있나요?

행동

行動

161

6

章

뜻

내가 담고 있어야 할 意

인생에서 성공하는 방법은 정확한 판단 하에 결단을 내리고,
일단 결단을 내리면 뒤돌아보지 않는 것이다.

그렉 노먼 Greg Norman
프로 골퍼

이 세상에 후회하지 않는 사람은 아무도 없습니다.
"그때 이렇게 했으면 좋았을걸."
"어쩌면 정답은 정반대였는지 모르겠군."
"그때 이렇게 했으면 성공하지 않았을까?"

지내온 시간을 뒤돌아보면
후회스러운 결정, 아쉬웠던 순간이 있게 마련입니다.
하지만 당시에는 그것이 최선이었기에 내린 결정일 것입니다.

결단을 내렸다면
결과가 좋든 나쁘든 뒤돌아보지 말아야 합니다.
그 안에서 하나씩 개선해나가며
성공할 때까지 희망의 끈을 놓지 않아야 합니다.

지금 당신의 결단은
흔들리지 않을 만큼 단단한가요?

자신이 서 있는 곳을 깊이 파라.
그곳에는 반드시 샘물이 있을지니.

다카야마 초규 高山樗牛
문예평론가, 사상가

세상에는 단기간에 성공 모델을 만들어내는 경영자도 있고,
오랜 시간이 지나도
길을 찾지 못한 이들도 있습니다.

내 경우를 돌아보면
지난 10여 년 동안
수많은 신제품을 만들어 왔습니다.

그후 10년,
가장 가치가 있는 일은 제일 먼저 시작한 일이었습니다.

눈에 불을 켜고 여기저기 찾아다니지 않아도,
가장 가치 있는 일이 내 발밑에 잠들어 있었던 것입니다.

성공의 문턱 앞에서 모든 것을 내려놓는 이들이 있습니다.
끝까지 포기하지 않겠다는 신념만 있다면
얼마든지 독자적인 위치를 차지할 수 있습니다.
절대 포기하지 마십시오.

끝까지 포기하지 않으려면 무엇이 필요할까요?

각각의 인격을 정의하는
최선의 방법은
그 사람이
가장 활력이 넘치며
온몸으로
인생을 구가하고 있을 때,
정신적 또는
도덕적인 태도에
눈길을 돌리는 게 아닐까?
즉,
그 사람
내부의 목소리가
"이것이 진정한 나이다!" 라고
외치는 순간이다.

윌리엄 제임스 William James
철학자, 심리학자

사람이 가장 의욕이 넘칠 때는 언제일까요?
자신이 하고 싶은 일을 처음 시작했을 때가 아닐까요?
그리고 그때의 내가 진정한 나이기도 합니다.

새로운 사업을 시작할 때는
초심을 잃어버리지 말아야 합니다.

도중에 지치지 않기 위해서는
그 일을 하겠다고 결심한 동기와 목적을
잊어서는 안 됩니다.

"나는 무엇 때문에 이 일을 하고 있는가?"
이 질문에 대한 대답이
계속해서 앞으로 전진할 수 있는 힘이 되어 줄 것입니다.

당신은 어떤 경우에 "이것이 진정한 나!"라고 외치고 있나요?

내가 비즈니스를 하고 싶다는 의지의 밑바닥에는 즐거움이 있고,
그것이 처음부터 해온 모든 일의 핵심을 이루고 있다.

리처드 브랜슨 Richard Branson
버진 그룹 창업자

새로운 일을 시작할 때,
아무 생각 없이 그냥 시작하는 사람은 없습니다.

새로운 계기를 만나거나,
자신만의 확고한 신념을 가졌을 때 시작하는 법이니까요.

어떻게 하면 힘들게 시작한 무대에서
성공이라는 계단에 올라설 수 있을까요?

어떤 일이든 성공하기 위해서는 그 일에서
즐거움을 느껴야 합니다.
즐거움이야말로 더 높은 비약을 이루기 위한
원동력이기 때문입니다.

일을 하다 보면 어려움을 만날 때도 있고
모든 것을 포기하고 싶을 때도 있습니다.
그럴 때 자신의 일에서 즐거움을 느끼지 못하면
어려움을 극복하지 못할 뿐 아니라
앞으로 나아갈 수 없습니다.

당신은 지금
하고 있는 일에서 즐거움을 발견하고 있나요?

나에게는 나에게 주어진 길이 있다.
하늘이 준 고귀한 길이다.
아직 어떤 길인지는 모르지만 다른 사람은 그 길을 걸어갈 수 없다.
오직 나만이 걸어가야 하는 것이다.
두 번 걸어갈 수도 없고, 무엇과도 바꿀 수 없는 소중한 이 길.

마쓰시타 고노스케 松下幸之助
파나소닉 창업자

누구나 자신만의 사명을 가지고 있습니다.
하지만 자신에게 어떤 사명이 주어졌는지
모르는 사람이 더 많지 않을까요?

성공했다는 이야기를 듣는 이들은
자신에게 주어진 사명을 발견한 사람들입니다.

"나의 장점을 살려서 사람들에게 어떤 도움을 줄 것인가?"

이런 사명에 눈을 뜰 수 있으면
하루하루가 즐거움으로 가득 차고,
적극적이며 충실한 삶을 영위할 수 있습니다.

당신은 자신의 사명을 깨닫고,
그 사명을 완수하기 위해 노력하고 있나요?

사람은 모름지기 평생의 스승을 가져야 한다.
실로 탁월한 스승을 가진 자는 평생 길을 찾아서 계속 걸어간다.
그 모습은 마치 북두성을 보고 항해하는 배와 같다.

모리 신조 森信三
철학자, 교육자

자신의 인생에 환한 빛을 밝혀줄 등대.
그런 등대가 되어줄 좋은 스승을 만난 사람처럼
행복한 사람이 어디 있을까요?

인생이라는 오랜 여행길에서
자신을 이끌어 줄 수 있는 좋은 스승과의 만남은
무엇과도 바꿀 수 없는 소중한 재산입니다.

회사를 차리고 싶은 사람은
직접 창업해서 성공한 경영자를 모델로 삼고,
전문직에 종사하는 사람은
그 분야에서 앞서가는 사람을 스승으로 삼고 싶을 것입니다.

뜻

意

175

스승은 어떤 사람이어야 할까요?
인격과 실력입니다.
인간적인 매력을 갖추고,
깊은 지식과 풍부한 경험을 가지고 있으며,
신뢰할 수 있어야 하겠지요.

당신에게는 평생의 스승이라고 부를 수 있는 사람이 있나요?

일을 잘 해내기 위해서는 그 일을 해주고 싶은 사람이 있어야 한다.
인생의 멋진 순간은 나 한 사람을 위해서 한 일이 아니라
사랑하는 사람들을 위해서 한 일과 이어져 있다.
우리는 그 사람들의 관심이 필요하다.

월트 디즈니 Walt Disney
애니메이터, 프로듀서, 영화감독

당신이 지금 일하는 목적은 무엇인가요?
당신이 새로운 일을 하려고 한다면, 그 목적은 또 무엇인가요?

모든 직업이나 사회활동은
당신이 관계를 맺고 싶고,
당신이 도와주고 싶은 이들의 요구에 맞춰져야 합니다.

고객의 요구를 구체적으로 떠올릴 수 있어야
문제를 해결할 수 있는 방법이나 일을 찾을 수 있습니다.

일을 하면서 가장 보람을 느낄 때는
고객이 기뻐하는 모습을 보는 순간이 아닐까요?
그런 경험은 다음 일에 새롭게 도전할 수 있는
강한 원동력이 되어줄 것입니다.

당신의 인생에서 가장 멋진 순간은 언제인가요?

뜻

意

———

177

꿈은 크게 가져라.
도중에 결코 포기해서는 안 된다.
그리고 당신을 성공으로 이끄는 습관을 키워라.

스티븐 스필버그 Steven Spielberg
영화감독, 영화 프로듀서

꿈은 클수록 좋습니다.

꿈을 이루려면
일정표에 자신이 해야 할 과제를 써넣고,
매일매일 착실하게 실천해 나가야 합니다.

꼭 해야 할 일을 습관으로 만들어가면서
좋은 습관들을 하나씩 늘려가는 착실한 삶은
성공으로 향하는 든든한 다리가 되어줄 것입니다.

지금 당장
꿈으로 가는 행동요령을 다이어리에 써넣고
매일 실천하여 자신의 습관으로 만들어보면 어떨까요?

당신의 수첩에는 꿈으로 가는 행동요령이 쓰여 있나요?

뜻

意

———

179

우리가 가려는 길이 옳은지 아닌지
신은 미리 가르쳐주지 않는다.

알베르트 아인슈타인 Albert Einstein
이론물리학자

새로운 일을 시작할 때는 몇 가지 사항을 미리 확인해야 합니다.
"무엇을, 어디에서, 언제까지, 어떻게 하느냐?"

목표를 달성하고자 할 때,
이 네 가지 행동요령을 정확히 제시하지 않으면
그 일은 실패로 끝날 가능성이 높습니다.

아무리 좋은 뜻으로 시작한 일이라도
계획이 없고 목표가 없으면
원하는 방향으로 이끌어갈 수 없습니다.

뜻

意

181

일을 할 때는 그 일을 통해서
'세상에 어떤 가치를 제공하느냐?'라는 목적과 동기가
분명해야 합니다.

'내가 왜 그 일을 하는가?'에 대한 이유가 명확하면
어려움에 직면했을 때에도
쉽게 포기하지 않기 때문입니다.

당신이 지금 하고 있는 일은
세상에 어떤 가치를 제공하고 있나요?

'노'라고 말해야 할 때
말하지 못하는 사람은
자신을 불행하게 만든다.

새뮤얼 스마일스 Samuel Smiles
작가, 의사

우리는 일을 하면서 끊임없이 상대에게 요구하기도 하고
요구를 받기도 합니다.

상대의 요구에 '노'라고 말하기는
'예스'라고 말하기보다 훨씬 어렵습니다.

선택의 기로에 놓였을 때는
'해야 할 것'과 '하지 말아야 할 것'을 결정해야 합니다.

자신의 장점을 극대화하고 성장시키기 위해서는
때론 '노'라고 말할 수 있는 용기가 필요합니다.

뒤늦은 '노'로 많은 시간과 에너지를 낭비할 수도 있고
자신만의 독창적인 색깔이 오히려 퇴색되기도 하기 때문입니다.

나를 발전시키고 더 빛내려면 명확한 기준과
그 기준에 벗어나는 것에 대해
'노'라고 말할 수 있는 실력이 있어야 합니다.

당신은 '노'라고 말할 수 있는 확고한 신념을 가지고 있나요?

만약 높은 결승점에 도달하고 싶다면
그에 따른 위험을 등에 져야 한다.

알베르토 살라자르 Alberto Salazar

마라톤 선수

간절히 이루고 싶은 소망이 있다면
위험이 따르더라도
도전하고 싶은 마음이 솟구치는 법입니다.

이때 중요한 것은 위험을 감수하면서까지
도전하고 싶다는 의욕과

뜻

그 다음에 전개될 확고한 비전을 갖는 것입니다.

意

반드시 그 일을 해내겠다고 결심하면

185

어떤 어려움이 닥쳐도 얼마든지 극복할 수 있습니다.

위험을 각오하겠다는 확고한 마음만 있다면
그만큼 성공의 확률이 높아지고,
성공의 열매 또한 달콤할 것입니다.

지금 당신은
위험이 따르지만 꼭 도전해보고 싶은 일이 있나요?

나는 옷을 디자인하는 것이 아니라
꿈을 디자인하는 것이다.

랄프 로렌 Ralph Lauren
패션 디자이너

사람들은 대부분 물건을 구입할 때
이론이 아니라 감정으로 판단합니다.

실제로 물건을 살까 말까 망설일 때,
판매원의 설명은 아무런 도움이 되지 않습니다.

오히려 "이 물건을 사면 가족들이 얼마나 기뻐할까?"
"이 물건을 사면 사랑하는 사람이 얼마나 좋아할까?"가
마음을 움직이고, 구매의욕을 높입니다.

구매 의사를 결정하는 요인이 이론이 아니라 감정이라면
상품을 만드는 사람도 이론에 얽매이지 말고
그들의 감정을 움직여야 하지 않을까요?

지금 당신이 만드는 상품이나 서비스에서
고객은 어떤 기쁨은 얻을 수 있나요?

한 사람 한 사람이 중요하고,
각각 주어진 역할이 있으며
누구나 현실을 바꿀 수 있는 힘을 가지고 있다.

제인 구달 Jane Goodall
동물행동학자

사람은 누구나 이 세상에 태어날 때,
삶을 부여받음과 동시에 사명도 부여받았습니다.
사명을 완수하는 것은 하나의 권리이자 의무입니다.

인생에는 모두 목적이 있고
무엇을 위해 사느냐 하는 이유가 있습니다.
세상에는 이런 인생의 목적과 사명이 확고한 사람도 있고,
그렇지 않은 사람도 있습니다.

전자는 남다른 열정을 지닌 사람이지만,
후자는 그렇지 못합니다.

뜻

意

189

작은 일이라도
지금 자신이 할 수 있는 일을 찾아 꾸준히 한다면
그 일은 자신의 사명이 될 것이며
일에서 어떤 가치를 찾느냐 하는 것은 자기의 몫입니다.

"저는 일개 청소부가 아닙니다.
인간을 달에 보내는 일을 돕고 있습니다."
미항공우주국에서 일하는 한 청소부의 말입니다.
잔잔하지만 우리에게 사명이 무엇인지 다시 한번 생각하게 해줍니다.

이 세상에 태어난 사명을 다하기 위해
당신은 지금 무슨 일을 하고 있나요?

7
章

성공

내가 이루어야 할

成功

당신에게 필요한 것은 모두
당신의 내부에 있습니다.
당신이 생각해야 할 것은 단 한 가지,
자신이 가지고 있는 힘을
어떻게 올바르게 사용하느냐 하는 것입니다.

월래스 D. 와틀스 Wallace Delois Wattles
작가, 사상가

새롭게 시작하고 싶다고 생각하면서
실행할 수 없는 이유만 늘어놓지는 않나요?

새로운 것을 실행할 수 없는 이유로
자신이 가지고 있지 않은 것을 찾아서는 안 됩니다.

당신은 이미 지금까지 당신이 가지고 있는 것으로
많은 사람들을 기쁘게 해주었습니다.

성공
成功

───

193

그것을 떠올려 보십시오.
그러면 당신이 생각하는 것보다 가치 있는 것들을
훨씬 많이 가지고 있음을 깨달을 수 있으니까요.

당신이 가지고 있는 경험이나 노하우 중에
다른 사람의 도움이 될 수 있는 것을 노트에 적어 보십시오.
그리고 그중에서 가장 자신 있는 것부터 하나씩
사람들을 위해 제공하시기 바랍니다.

지금, 당신 내부에 있는 힘을 올바르게 사용하고 있나요?

오직 한 마음으로 추구하면 아이디어는 반드시 태어난다.

찰리 채플린 Charles Chaplin
영화배우, 영화감독, 코미디언

혁신적인 아이디어를 떠올리고 싶나요?
여기에 좋은 방법이 있습니다.
오직 한 마음으로 간절히 생각하며
자신이 가지고 있는 모든 에너지를 쏟아 붓는 것입니다.

평소에도 의식을 한 곳에 집중하면
주위에 예리한 안테나가 생기고,
유용한 정보들이 눈과 귀를 통해 들어오게 됩니다.

무엇인가를 만들어내고 싶다는
간절한 욕구와 관심을 가지면
창조적 사고가 예리해지면서
어느 순간 번뜩이는 아이디어가 떠오르는 것입니다.

일을 할 때,
모든 에너지를 쏟아서 하고 있나요?

사람의 가치는 그 사람이 무엇을 받을 수 있느냐가 아니라
무엇을 줄 수 있느냐로 판단해야 한다.

알베르트 아인슈타인 Albert Einstein
이론물리학자

지식이나 경험이 풍부하다고 해서
훌륭한 사람이라고 할 수는 없습니다.

사람의 가치는 자신이 가지고 있는 힘으로
곤경에 빠진 이들을 도와주거나
사회를 이롭게 함으로써 증명되기 때문입니다.

그러므로 자신의 노하우를 아까워하지 말고
기회가 있을 때마다 널리 베푸시기 바랍니다.

자신만의 경험과 노하우를 체계화하고
가르쳐주다보면
어느새 자신의 수준도 한 단계 올라가게 됩니다.

자신이 가진 힘과 능력으로 타인을 도와주는 삶이
진정으로 가치 있는 삶 아닐까요?

당신은 자신이 가지고 있는 능력을 다른 사람과 나누고 있나요?

성공은 나 혼자의 노력에 의한 것이라고 주장하는 것은
천박하고 오만한 일이다.
아무리 뛰어난 업적도
많은 사람들의 손과 마음, 머리의 도움을 받아야
비로소 가능해지기 때문이다.

월트 디즈니 Walt Disney
애니메이터, 프로듀서, 영화감독

위대한 일은 결코 자신의 힘만으로는 해낼 수 없습니다.
많은 사람의 도움을 받아야 하며 협력을 요구합니다.

커다란 일을 하기 위해서는 역할을 분담하거나
파트너의 협조를 얻어야 합니다.
그러면 자신의 장점에 집중할 수 있기 때문에
혼자서는 해내지 못했던 일도 실현할 수 있습니다.

이때 중요한 것은
자신의 일을 도와준 이들에게 진심으로 고마움을 표현하는 것과
그들에게 공헌하겠다는 진지한 마음가짐입니다.

사람은 분배에서 공평성을 느꼈을 때,
자기 혼자 부유해졌을 때에 비해
5배나 되는 쾌감을 얻는다고 합니다.

당신은 함께 일하는 주위사람들에게 감사를 표현하고,
성과를 나누고 있나요?

대부분의 사람은 나중을 생각해서
자신의 힘을 1% 이상 남기고 있다.
하지만 챔피언이 될 사람은
잠시도 망설이지 않고
최후의 1%까지 남김없이 사용한다.

크리스 카마이클 Chris Carmichael
스포츠 코치

어떤 일을 할 때, 자신의 저력을 모두 사용하고 있나요?

많은 사람들이 자신의 진정한 힘을 다 발휘하지 않고
나중을 위해 조금씩 남겨두곤 합니다.
하지만 나머지 힘을 사용할 틈도 없이
끝나버리는 경우를 흔히 볼 수 있습니다.

공부나 운동을 할 때 가장 중요한 것은
자신을 어떤 존재로 여기느냐 하는 것입니다.
이것에 따라 승패가 나뉘어지기 때문입니다.

성공

成功

잠재의식은 그 힘이 대단합니다.
실현할 수 있다고 생각한 것은 이루어지고,
실현할 수 없다고 생각한 것은 절대 이루어지지 않으니까요.

201

마지막 1%까지 있는 힘을 다해
진정한 챔피언이 되고 싶지 않나요?

성공의 열쇠는 아무도 찾지 못한 것을 찾아내는 것이고,
성공의 비결은 아무도 모르는 것을 아는 것이다.

아리스토텔레스 오나시스 Aristotle Socrates Onassis
기업인

비즈니스에서 성공하는 비결은 많지만,
그중에서 가장 간단한 방법은
아직 아무도 발을 내딛지 않은 미개척 시장,
즉 블루 오션Blue Ocean을 발견하는 것입니다.

경쟁자가 없는 새로운 시장,
무한히 확대될 가능성과 잠재력을 감추고 있는
아직 태어나지 않은 시장을 개척하면
눈 깜짝할 사이에 성공을 거머쥘 수 있습니다.

성공

成功

203

문제는 어떻게 블루 오션을 찾아내느냐 하는 것이겠지요.

앞으로는 라이벌과 치열하게 경쟁할 필요 없이
새로운 가치를 가지고 있는 시장을 만들어내야 합니다.
이를 통해 다른 회사, 또는 다른 사람과 차별화하는 것이
당신의 가능성을 최대로 끌어올려줄 것입니다.

어느 누구도 뛰어들 수 없는 유일무이한 시장을 가지고 있나요?

"당신은 어떤 노력을 하고 있는가?"
이 질문에 거침없이 대답할 수 있는 사람은
성공자의 문 앞에 서 있는 사람이다.

윌리엄 크로스키

기업인

아무리 위대한 일도
열심히 하겠다는 정신만으로는
확고한 의지를 가지고 계속 노력하기 어렵습니다.

오랫동안 일하기 위해서는
무엇을, 어떤 목적으로, 어떻게 추진할지
글로 써두어야 합니다.

목적이 명확하고,
목표를 향해 어떤 일을 해야 할지 구체적으로 알게 되면
매일 자신의 장점을 극대화하면서
좋은 성과를 낼 수 있습니다.

성공

成功

───

205

지금 당신은
열심히 노력하고 있다고 누구에게나 당당하게 말할 수 있나요?

인간의 그릇은
그 사람이 스스로 받는 책임의 무게에 따라서 정해진다.

랄프 왈도 에머슨 Ralph Waldo Emerson
사상가, 철학자, 시인

규모에 따라서 다르지만
한 기업을 책임지는 경영자가 되면
주주와 사원, 관계사, 거래처 등의 숫자도 늘어나고
그에 비례하여 사람들에게 미치는 영향력도 커집니다.

개인적으로나 사회적으로나 책임을 갖고 있는 사람은
인격의 그릇을 키우며
사람들이 좋아할만한 상품이나 서비스를 창출해내고
어려운 이들에게 도움의 손길을 내미는 등
세상을 위해 이바지할 사명을 가지고 있습니다.

어떻게 하면 그릇을 크게 만들 수 있을까요?

스스로 인격을 연마하고 사람들에게 관용을 베풀며,
상처 입은 자나 어려움에 빠져 있는 이들에게 따뜻한 관심과 함께
힘이 되어 주는 것 아닐까요?

당신은 어떤 사람들에게 힘이 되어 주고 있나요?

성공

成功

207

자신을 연마하기 위해서는 큰 사람을 만나야 합니다.
큰 사람을 만나거나 큰 사람을 만나려고 노력하면
그가 가진 힘은 확실히 강해질 수 있으니까요.

후쿠하라 요시하루 福原義春
시세이도 명예회장

인맥을 쌓기 위해 어떻게 하고 있나요?

인맥을 쌓는 데 가장 중요한 것은
자신이 상대에게 가치를 주는 존재냐 아니냐 하는 것입니다.

그와 함께 있으면 즐거운가?
그와 함께 있으면 많은 것을 배울 수 있는가?
그와 함께 있으면 자신을 성장시킬 수 있는가?

상대가 자신에게 가치 있는 존재라고 생각되지 않으면
귀한 시간을 빼앗기는 것 같아
만나기 싫어지는 법입니다.

상대에게 도움이 되기 위해서는
자신의 전문분야에서 최고가 되어야 하며
끊임없이 노력하는 모습을 보여주어야 합니다.

큰 사람을 만나기 위해서는
자신이 큰 사람이 되는 수밖에 없으니까요.

당신은 지금 자신을 성장시켜 줄 큰 사람을 만나고 있나요?

성공

成功

209

자신의 경험은 아무리 작은 것이라도
백만 명이 한 타인의 경험보다 가치 있는 재산이다.

고트홀트 에프라임 레싱 Gotthold Ephraim Lessing
시인, 극작가, 사상가, 비평가

이 세상에 경험보다 귀중한 재산이 또 있을까요?
백문은 불여일견이고, 백견은 불여일행이라고 했습니다.
백 번 들은 것은 한 번 본 것만 못하고,
백 번 본 것은 한 번 행동한 것만 못하다는 뜻입니다.

경험은 매우 소중한 재산입니다.

성공

다른 사람에게 경험담을 듣거나   成功
책을 통해 지식을 얻었다고 해도,
본인이 진심으로 납득하기 위해서는   ———
직접 경험해보는 수밖에 없습니다.   211

사람은 자신의 경험을 통해 진리를 깨닫게 되고,
진리를 깨달으면 눈부시게 성장할 수 있습니다.

작은 일이라도
몸으로 직접 부딪히며 직접 경험해 보는 것이 어떨까요?

당신은 경험을 통해 한 단계씩 성장하고 있나요?

기다릴 수 있는 능력이야말로
성공의 가장 큰 비밀이다.

조제프 드 메스트르 Joseph Marie de Maistre
사상가, 외교관

작물을 수확하려면
밭을 갈고 씨를 뿌린 다음 정성껏 가꾸어야 합니다.
그와 동시에 오랜 시간을 기다리지 않으면
좋은 작물을 손에 넣을 수 없습니다.

성공

씨를 뿌린다고 작물이 저절로 자라는 것은 아닙니다.
잡초도 뽑아주고 물과 비료도 적당히 주면서
꼼꼼히 보살피고, 거둘 때까지 인내심있게 기다려야만
결실의 기쁨이 찾아오는 법입니다.

成功

―――

213

일도 마찬가지가 아닐까요?
즐거운 마음으로 꾸준히 계속하다보면
언젠가 반드시 커다란 성과로 나타나게 되어 있으니까요.

지금 당장 눈앞의 성과가 없어도 인내하며 기다릴 수 있나요?

아무리 작은 승리라도 한 번 자신에게 승리하면
인간은 갑자기 강해질 수 있는 법이다.

막심 고리키 Maxim Gorky
작가

성공이란 두 글자를 거머쥐려면
아무리 작은 일이라도 좋은 결과를 내어
자신감을 키워야 합니다.

작은 일이라도 성공의 기쁨을 누릴 수 있으면
다음 단계의 도전을 향한 의욕이 솟구치기 때문입니다.

성공

成功

이 경험을 통해 어떻게 헤쳐 나갈지 알게 되면
성공이 성공을 부르게 됩니다.

215

작은 성공을 이루어 성취감을 얻는 것,
그것이 진정한 성공으로 가는 지름길이 아닐까요?

당신은 지금,
큰 성공을 거머쥐기 위해 작은 성공을 거두고 있나요?

"자고 일어나니 성공을 거두었다!"
이 말의 뒤에는 20년의 시간이 자리하는 법이다.

에디 캔터 Eddie Cantor

배우, 코미디언, 댄서

하룻밤 사이에 성공을 거두는 사람은 없습니다.
갑자기 성공한 것처럼 보여도
그 뒤에는 끊임없이 노력한 오랜 세월이 존재합니다.

하고 싶은 일을 적극적으로 하는 사람은
결과가 나타나지 않아도
슬퍼하거나 포기하지 않습니다.

어떤 분야에서든 끝까지 포기하지 않고
끊임없이 노력하면
어느 순간에 아름다운 꽃이 피어나고
화려한 성공의 계단에 올라갈 수 있습니다.

목표를 향해 노력한 시간은 흔들림 없는 자신감으로 변하고
언젠가 반드시 자신의 강점으로 진화할 날이 찾아올 것입니다.

당신은 원하는 것을 얻기 위해
끊임없이 노력할 각오가 되어 있나요?

다른 사람을 보고 무엇을 해야 할지 아는 이도 있고,
무엇을 하지 말아야 할지 아는 이도 있다.

에릭 호퍼 Eric Hoffer
사회철학자

선인들의 말과 행동은 살아 있는 교과서라고 할 수 있습니다.

그들의 말과 행동은 과거뿐 아니라
현재에도 생생하게 적용할 수 있으며,
그 안에는 성공뿐 아니라 실패사례도 많습니다.

성공

획기적이라고 생각한 아이디어나 비즈니스라도
이미 그것을 시작한 사람이 있으면
그의 경험을 참고하여 새로운 지혜를 얻을 수 있습니다.

成功

219

중요한 것은 다른 사람의 성공을 부러워하거나
실패를 비난하는 것이 아닙니다.
그들의 성공이나 실패를 통해서 무엇을 해야 하고
무엇을 하지 말아야 할지 배우는 것입니다.

지금 당신은
다른 사람의 성공과 실패에서 무엇을 배우고 있나요?

사람을 움직일 수 있는 자는
다른 사람의 마음이 될 수 있는 자이다.
다른 사람의 마음이 될 수 있다는 것은
스스로 고민한다는 증거이다.
스스로 고민한 적이 없는 자는
절대로 다른 사람을 움직일 수 없다.

혼다 소이치로 本田宗一朗
혼다 창업자

뛰어난 실력을 자랑하는 경영 컨설턴트 중에는
실제로 자신의 회사를 경영하면서 온갖 고생을 겪고,
어려움을 극복한 이들이 많습니다.

같은 처지에서 문제에 부딪히거나
과제를 해결한 경험이 없다면
다른 사람의 고민을 진심으로 이해하고
정확히 조언해주기 어려울 것입니다.

어려움에 처해 있는 사람에게 조언해 줄 때에는
상대방 입장에서 진지하게 고민하고
함께 문제를 해결하겠다는 열심을 가져야 합니다.
그렇지 않으면 상대의 마음을 움직일 수 없습니다.

혹시 당신은 상대의 처지에서
상대의 고민을 진지하게 들어줄 수 있나요?

행복해지고 싶다면
'그때 그랬더라면'이라는 말을 그만두고,
그 대신 '이번에야말로'라는 말로 바꾸십시오.

스마일리 브랜튼 Smiley Blanton
정신과 의사

실패에 대한 반응은 두 가지로 나타납니다.
실패에 대해 후회만 하는 사람.
실패에서 배우고 다음 기회로 연결시키는 사람.

가장 큰 차이는
마인드세트가 있느냐 없느냐입니다.
(Mind Set. 경험과 교육, 선입관 등으로 이루어지는 사고양식과 심리상태. 그
사람의 가치관이나 신념 등도 여기에 포함된다.)

성공

成功

———

223

성공을 방해하는 요소들을 털어내십시오.
어떤 상황에서도 부정적인 말을 버리고 긍정의 눈으로 보시기 바랍니다.
역경 속에서도 감사할 수 있고, 행복을 느낀다면
다시 일어설 수 있는 힘이 생겨날 것입니다.

어려운 환경 속에서도 행복을 느낄 수 있나요?

다른 사람의 목소리가
당신의 내면에서 우러나오는 진정한 목소리를
삼키지 못하게 하라.
중요한 것은 자신의 마음과 직감을 따르는
용기를 가지는 것이다.

스티브 잡스 Steve Jobs
애플 공동 창업자

회사의 운명이 달려 있는 중요한 결단을 내려야 할 때
경영자는 자신이 가지고 있는 가치 기준에 따라
결정을 해야 합니다.

그때 가장 중요한 것은 강한 리더십으로
자신의 이념이나 사명에 따라 결단을 내리는 것입니다.

성공

成功

———

225

그 결과에 최종책임을 질 사람은 경영자이기 때문에
그야말로 가장 진지하게 결정을 할 수 있습니다.

리더는
자기만의 인생관과 사업관, 가치관에 따라
끊임없이 성장하겠다는 의식을 가져야 합니다.

중요한 의사 결정을 내릴 때,
당신이 가장 먼저 떠올리는 것은 무엇인가요?

8
章

목표

내가 이루어야 할

目標

만약 당신이 자신의 인생 계획을 만들지 않으면
다른 사람의 인생 계획에 들어가게 될 것이다.

짐 론 Jim Rohn
사상가

흔히 현대는 100세 사회라고 합니다.
즉, 60세에 정년퇴직한다고 해도
그 이후로 40년을 더 살아야 하는 것입니다.

스스로 회사를 만들어서 운영하지 않는 이상,
정년퇴직할 때까지는 고용주가 만들어놓은 레일 위를 달릴 수밖에 없
습니다.

비록 지금은 일개 사원에 지나지 않는다 하더라도
경험과 실적을 쌓고 전문 능력을 가지면,
자신의 인생을 스스로 설계하고 결정하는 것도 불가능하진 않습니다.

그러기 위해서는 자신의 인생계획을 만들고,
미래 설계에 도움이 되는 일이나 회사를 선택하여,
그 안에서 자신이 활약할 수 있는 위치를 확고히 해야 합니다.

인생 계획표를 만들고 있나요,
아니면 다른 사람의 인생 계획 안에 들어가 있나요?

성공의 사다리에 발을 올리기 전에
그것이 올바른 벽에 걸쳐져 있는지 확인하라.

스티븐 코비 Stephen Covey
작가, 기업인, 컨설턴트

성공을 원하지 않는 사람은 아무도 없습니다.
그런데 우리 주변에는 결코 성공할 수 없는 엉뚱한 분야에서
방황하는 이들이 적지 않습니다.

흔히 "자신의 목표를 확실히 글로 쓸 수 있는 사람은
3%에 불과하다."고 합니다.

목표

目標

———

231

그리고 자신의 목표를 글로 쓸 수 있는 사람은
그렇지 않은 사람에 비해
5배에서 10배나 많은 일을 해낼 수 있다고 합니다.

목표를 글로 쓸 수 있으면 앞으로 오랜 세월에 걸쳐
모든 정열을 기울일 수 있는 분야인지 아닌지 알 수 있지 않을까요?
그러면 엉뚱한 곳에서 방황하는 일은 없을 것입니다.

당신은 지금
모든 열정을 기울일 수 있는 분야에서 일하고 있나요?

깊은 만족감과 함께
보람을 얻을 수 있다는 이유로
그 일을 하고 싶다는 욕구는
예술이든 과학이든 비즈니스이든
창조성을 최대로 불러일으킨다.

테레사 아마빌 Teresa Amabile
심리학자

이 세상에 돈만 벌기 위해 일하는 사람은 아무도 없습니다.
물론 개중에는 돈을 벌기 위해 일하는 이들도 있지만
그런 사람은 결코 오래 일할 수 없습니다.

일을 하면서 가장 보람을 느낄 때는 언제일까요?

자신의 능력만큼 결과가 나왔을 때도 그렇겠지만,
자신의 능력으로는 상상도 할 수 없는 결과가 나왔을 때
가장 큰 보람을 느끼지 않을까요?

그러기 위해선 시선을 항상
자신의 능력보다 한두 단계 높은 곳에 두어야 합니다.
어지간한 노력으로는 도달할 수 없는 곳을 향하는 것입니다.

도저히 도달할 수 없을 것처럼 보이는 목표는
이전과는 다른 집중력과 만족감을 만들어내고,
우리 자신을 성장시켜 줍니다.

당신이 일을 하면서
가장 큰 보람과 만족감을 느낄 때는 언제인가요?

동료들보다 더 크게 성공한 사람은
젊었을 때부터 목표를 설정하고
그 목표를 이루기 위해 끊임없이 노력한 자이다.

에드워드 리튼 Edward George Earle Lytton
정치가

크게 성공한 사람들의 대부분은
젊었을 때 목표를 설정한 이들입니다.
목표를 일찍 설정할수록 더 높이 도약할 수 있고,
더 크게 성공할 수 있습니다.

젊은 시절에 목표를 설정하면
일찍부터 다양한 시도를 하고 도전을 할 수 있기 때문에
그만큼 좋은 결과를 낼 수 있습니다.

가다 돌부리에 걸려 넘어져도 벌떡 일어나서
다시 시작할 수 있습니다.

반면에 아무리 나이를 많이 먹었어도
도달하고 싶은 목표가 정해지지 않으면
자기 찾기만 계속하다 인생을 끝낼 수밖에 없습니다.

목표를 명확히 정하고 빨리 출발할 수 있으면
도달하는 수준도 높아집니다.

당신이 정한 목표를 향해
열심히 달려가고 있나요?

목표

目標

———

235

인생이 길든 짧든
어떤 목표로 살았느냐에 따라서
그 사람의 가치가 정해진다.

데이비드 스타 조던 David Starr Jordan

우생학자, 어류학자, 교육자

등산을 할 때, 가장 힘든 순간은 언제일까요?
정상이 어디인지 모르거나
정상까지 얼마나 남았는지 모를 때 아닐까요?

그러면 어디로 가야 할지 모르거나
얼마나 더 올라가야 할지 몰라서
금세 지치고 힘을 이끌어낼 수 없습니다.

목표

目標

───

237

정상이 어디인지 알면
"지금 여기까지 왔다. 앞으로 이 정도만 올라가면 된다."
라고 생각할 수 있고,
마음 깊은 곳에 있는 에너지를 끌어낼 수 있습니다.

목표에 도달하기까지 얼마나 남았는지 알면
지금 무슨 일을 해야 할지 알 수 있으니까요.

당신은 매일 명확한 목표의식을 갖고 일하고 있나요?

이 세상을 움직이는 힘은 희망이다.
풍성한 결실을 거둘 수 있다는 희망이 없다면
농부는 밭에 씨를 뿌리지 않는다.
이익을 얻게 된다는 희망이 없다면
상인은 장사를 하지 않는다.

마틴 루터 Martin Luther
신학자, 사제, 목사

미술전시회에 가서 그림을 감상할 때,
적당한 감상 거리가 있다는 것을 아시나요?
너무 가까이서 보면
미세한 부분은 잘 볼 수 있겠지만,
전체의 구도나 주제는 놓칠 수 있습니다.

이와 마찬가지로
어떤 문제를 너무 가까운 곳에서 들여다보면
정말로 중요한 것이나 전체를 아우르는 큰 흐름을 놓치게 됩니다.

목표

보는 방향이나 시점에 따라서는
쉽고 간단한 문제가 어렵고 복잡하게 보이기도 합니다.

目標

———

239

성공을 바라보는 적절한 거리란 뭘까요?
최종 목표 지점을 상상하면서
지금의 상황을 냉정하게 판단해야 합니다.
그리고 한 걸음 떨어진 곳에서 전체를 살펴보며
올바른 방향으로 나아가야 합니다.

항상 희망의 끈을 놓지 않고
새가 위에서 내려다보듯 전체를 파악하는 힘을 기르시기 바랍니다.
그 힘이 성공으로 데려다 줄 것입니다.

혹시 당신은 너무 가까이서 들여다보고 있지는 않나요?

다른 사람들이 쓴 책을 읽으면서 자신을 향상시켜라.
그러면 다른 사람들이 고생해서 얻은 것을
쉽게 얻을 수 있을 것이다.

소크라테스 Socrates
철학자

지금까지 경험한 적이 없는 일에 도전할 때
어떻게 하나요?

그런 경우에는 이미 그 분야에서 성공한 사람들의 책을
보는 것이 좋습니다.
그러면 돈과 시간을 절약할 수 있고,
빠른 시간에 그들의 노하우를 자기 것으로 만들 수 있으니까요.

목표

目標

———

241

그러나 선배들이 고생해서 도달한 곳에
정말로 가까이 가기 위해서는
그들이 사용한 방법이나 과거의 사례를 연구할 뿐 아니라
본인이 직접 경험하지 않으면 안 됩니다.

책을 통한 공부는 접근하는 데는 도움이 되지만
결과는 자신의 경험으로 얻을 수 있는 법이니까요.

당신은 다른 사람의 노하우를 배우기 위해
지금 무엇을 하고 있나요?

미래는 여러 가지 이름을 가지고 있다.
약한 자들에게는 불가능이고
겁 많은 자들에게는 미지未知이며
용기 있는 자들에게는 기회이다.

빅토르 위고 Victor-Marie Hugo
소설가, 시인, 정치가

사람들은 저마다 자신의 미래를 머릿속으로 그리곤 합니다.
어떤 사람은 무지갯빛으로,
어떤 사람은 회색빛으로,
또 어떤 사람은 아무것도 그리지 못한 백지 상태입니다.

목표

目標

아직 보지 못한 미래에 대한 그림은 각자 다를 수밖에 없습니다.
머릿속에 있는 이미지가 제각기 다르기 때문입니다.

243

멋지고 화려한 미래를 손에 넣고 싶다면
현실이 아무리 힘들고 괴로워도
머릿속에서는 좋은 이미지를 가져야 합니다.

꿈을 이루기 위한 계획을 세운 뒤,
용기를 가지고 과감하게 행동해야 합니다.

당신의 머릿속에 있는 미래는 어떤 모습인가요?

개미처럼 부지런히 일하는 것은 별로 중요하지 않다.
중요한 것은
"나는 지금 무엇을 위해 열심히 일하고 있는가?" 이다.

헨리 데이비드 소로 Henry David Thoreau
작가, 사상가

일이나 공부를 열심히 하고,
성과를 올리는 사람의 대부분은
자신만의 확고한 목적을 가지고 있습니다.

목적이 명확하지 않으면 성취감을 얻을 수 없고,
계속 노력할 의욕도 솟구치지 않기 때문입니다.

목표

일할 때 중요한 것은
그 일이 자신은 물론이고 다른 사람들을 얼마나 유익하게 할지
깨닫는 것입니다.

目標

———

245

그들을 위해 나의 능력을 발휘하고
나의 수고가 기쁨으로 이어진다면
그보다 더 큰 보람은 없겠지요.

열심히 일하는 것도 중요하지만,
무엇을 위해 열심히 일하는지 아는 것은 더욱 중요합니다.

당신이 지금 하는 일은 다른 이들에게 얼마나 도움이 되고 있나요?

1년 후, 2년 후, 3년 후의
이상적인 모습을
가지고 있는 사람은
하루하루가
반짝반짝 빛나고,
그렇지 않은 사람은
단순한 작업에 쫓기게 된다.

잭 웰치 Jack Welch
GE 전 최고경영책임자

3년 후의 자신의 모습을 정확히 그릴 수 있나요?

가까운 미래나 먼 미래에
자신의 이상적인 모습을 떠올릴 수 있는 사람은
현재 가지고 있는 능력을 최대한 발휘하고
미래에 대한 포석을 깔 수 있습니다.

목표 지점이 명확하지 않으면
무엇을 위해 일하고 있는지 알 수 없기 때문에
온힘을 끌어낼 수 없습니다.

기업의 리더라면
끊임없이 비전을 제시하고,
고객에 집중할 수 있는 환경을 만들어 주어야 합니다.

당신은 조직을 관리하면서 자기 자신도 관리하고 있나요?

사람이 뛰어난 일을 할 수 있는 것은
한 가지 또는 고작해야 두세 가지 분야이다.
자신이 가장 잘할 수 있는 일을 찾아내서
그 일을 하지 않으면 안 된다.

피터 드러커 Peter Ferdinand Drucker
경영학자, 작가

자신이 가장 잘할 수 있는 일을 발견했나요?
그렇다면 그것을 당신의 강점으로 만들어야 합니다.

그러기 위해서는 다른 사람과 차별되는
특징을 가지는 것이 좋습니다.

이때 중요한 것은
그 일이 다른 사람들이나 세상을 올바른 방향으로 이끄는데
도움이 되느냐 하는 것입니다.

자기 스스로 강점을 발견할 수 없을 때는
주위 사람들에게 부탁해서 받는 것도 좋습니다.

다른 사람이 흉내낼 수 없는 자신감을 가질 수 있다면
그것이 곧 당신의 가장 큰 장점이 될 것입니다.

지금 당신은
다른 사람이 흉내낼 수 없는 강점을 가지고 있나요?

9
章

꿈

내 미래에 대한

夢

사람들은 아직 자기 자신을 발견하지 못했다고
주변 사람들에게 말한다.
하지만 자기 자신은 발견하는 것이 아니라
스스로 창조해내는 것이다.

토마스 사즈 Thomas Szasz
정신의학자

"내가 누구인지 모르겠다."
"아무리 찾아도 나를 발견하지 못했다."

많은 사람들이 이렇게 끊임없이 자아 찾기에 몰두합니다.
자기 자신을 찾지 못하면
아무 일도 시작할 수 없습니다.

꿈

夢

하지만 자신이 누구인지 찾는 것은 아무런 의미가 없습니다.
오랜 시간을 들여 답을 찾기보다
스스로 답을 구하는 편이 빠르기 때문입니다.

253

이때 조심해야 할 것이 있습니다.
꿈을 찾는 것이 목적이 되어서는 안 된다는 것입니다.
중요한 것은 꿈을 찾는 것이 아니라
꿈을 이루는 것이니까요.

당신은 지금,
자기 자신을 찾기 위해 아직도 헤매고 있지는 않나요?

과거에서 배우고 현재를 위해 살며
미래에 희망을 가져라.
중요한 것은 아무 의문을 가지지 않은 상태에
빠지지 않는 것이다.

알베르트 아인슈타인 Albert Einstein
이론물리학자

현실에 의문을 가지지 않는 사람은
새로운 것을 발견할 수도 없고
성공을 손에 넣을 수도 없습니다.

무엇인가를 이루려면
보편적인 상식도
의문을 가질 필요가 있습니다.

"상식이기 때문에 당연하다."
"상식은 이미 확정된 것이다."
이런 생각이 뿌리를 내리고 있으면
새로운 아이디어를 떠올리거나
새로운 시스템을 만들어낼 수 없지 않을까요?

성공하고 싶다면 선입관을 버리고
사물의 한 면만을 바라볼 것이 아니라
다각도로 살펴보고 궁리하는 마음자세가 중요합니다.

당신은 상식에 대한 의문을 가져본 적이 있나요?

꿈을 꿀 수 있다면 그것은 반드시 실현할 수 있다.
기억하라.
이 모든 것이 생쥐 한 마리에서 시작되었다는 것을.

월트 디즈니 Walt Disney
애니메이터, 프로듀서, 영화감독

꿈은 반드시 실현할 수 있다고 믿고 있나요?
아니, 실현할 수 있느냐 없느냐를 떠나
애초에 꿈을 가지고 있나요?

꿈을 가까이 끌어당길 수 있느냐 없느냐는
자기 자신에게 달려 있습니다.

꿈과 목표를 구체적으로 떠올릴수록
실현을 향해 한 걸음 더 다가갈 수 있기 때문입니다.

이루고 싶은 목표를 정하고
무슨 일이 있어도 실현하겠다고 생각하며
진지하게 행동해야 합니다.
작은 목표를 한 가지 이루면
커다란 목표도 얼마든지 이룰 수 있으니까요.

당신은 꿈을 실현시키기 위해 지금 발걸음을 내딛고 있나요?

피곤에 지쳐서
밤에 꿈을
꾸는 사람은
아침에
눈을 뜨자마자
허무함을 깨닫는다.
반면에
낮에 꿈을
꾸는 사람은
매우 위험하다.
눈을 크게 뜨고
자신의 꿈을
실현시키려고
행동하기 때문이다.

토머스 에드워드 로렌스 Thomas Edward Lawrence
작가, 고고학자

세상에는 밤에 꾸는 꿈과 낮에 꾸는 꿈이 있습니다.
상상 속의 꿈과 현실 속의 꿈이 그것입니다.
이 두 가지 중 어느 것이 실현 가능성이 높을까요?

밤에 꾸는 꿈은
공상의 세계에서 일어나는 일이기 때문에
아침에 눈을 뜨면 아무것도 기억나지 않고
백지 상태가 되곤 합니다.

반면에 목표가 있는 사람은 낮에 꿈을 꿉니다.

그 꿈을 실현하기 위해 진지하게 고민하고
행동으로 옮깁니다.

당신이 꼭 이루고 싶은 낮의 꿈은 무엇인가요?

꿈

夢

———

259

당신의 꿈은 무엇인가?
당신의 목적은 무엇인가?
꿈과 목적만 가지고 있다면
길은 반드시 열릴 것이다.

마하트마 간디 Mahatma Gandhi
정치지도자, 사상가

배를 타고 오랫동안 여행을 한 적이 있나요?
바다를 여행하면 도중에 폭풍우를 만나기도 하고
암초에 부딪히기도 합니다.

방향을 잃거나
지금 어디에 있는지 모르는 경우도 있습니다.

그런 때에 필요한 것은 두 가지입니다.
어떤 방법을 써서라도 반드시 가야겠다는 굳은 신념과
그곳에 도착해야 한다는 강한 목적의식.

굳은 신념과 강한 목적의식은
당신의 배를 소망의 항구로 데려다 줄 것입니다.

도착하고 싶은 목적지에 가기 위해
지금 키를 꽉 붙잡고 있나요?

새는 알에서 나오려고 투쟁한다.
알은 곧 새의 세계이다.
태어나려고 하는 자는
하나의 세계를 파괴해야만 한다.

헤르만 헤세 Hermann Hesse
작가

모든 새들에게 첫 번째로 부딪히는 난관은
자신의 힘으로 껍질을 깨트리는 것입니다.

자신을 지켜주었던 단단한 껍질을 깨트리지 않으면
세상의 아름다운 빛을 보거나
넓은 하늘을 향해 날갯짓을 할 수 없습니다.

이와 같이 찬란한 미래를 맞이하기 위해서는
눈앞에 있는 현실의 벽을 보고 움츠리지 말고
끊임없이 도전하는 수밖에 없습니다.

모든 힘을 한 곳에 집중시켜
앞을 가로막고 있는 모든 장애물을 돌파해야 합니다.

당신은 더 넓은 세계로 나가기 위해
자신을 가로막고 있는 껍질을 깰 수 있나요?

최초의 일은 제비뽑기나 마찬가지이다.
처음부터 적합한 일에 종사할 확률은 높지 않다.

피터 드러커 Peter Ferdinand Drucker
경영학자, 작가

대학을 졸업하고 첫 직장을 고를 때,
대부분은 자신의 눈에 매력적으로 보이는
일이나 회사를 선택합니다.

하지만 그곳이 정말로 자신에게 적합한 분야인지는
실제로 해보지 않으면 알 수 없습니다.

꿈

夢

막상 원하는 회사에 들어갔으나
자신에게 맞지 않는 경우가 드물지 않기 때문입니다.

265

인기 있는 일인가 아닌가,
규모가 큰가 작은가로 판단하지 말고,
어떤 일이든 일단 시작해 보는 것이 어떨까요?

그러면 그곳에서 많은 것을 경험하면서
자신의 장점이 무엇인지
정말로 하고 싶은 일이 무엇인지 알 수 있습니다.

당신은 첫 직장을 구할 때, 어떤 기준으로 선택했나요?

주변의 자연환경이나 계절, 바람 등은 바꿀 수 없지만
자기 자신은 바꿀 수 있다.

짐 론 Jim Rohn
사상가

세상에는 지진이나 태풍처럼
인간의 힘으로는 도저히 대항할 수 없는 것이 분명히 존재합니다.
하지만 예상하지 못한 환경도
생각을 바꾸면 전혀 달라질 수 있습니다.

예전의 방식이나 시스템에
혁신적인 기술이나 사고방식을 받아들여
새로운 가치를 만들어낸 분야는 일일이 손꼽을 수 없을 정도입니다.

참신한 아이디어를 통해
혁신을 일으킨 분야는 쉽게 찾아볼 수 있지 않을까요?

상대를 바꿀 수 없고 사회도 바꿀 수 없지만,
자신을 바꾸는 것은 매우 간단합니다.

지금 자신이 할 수 있는 일을 해내가면서
주변 사람을 한 사람씩 내 편으로 만들고
작은 일부터 변화시켜 나가는 것이 어떨까요?

당신은 지금,
자기 자신을 바꾸기 위해 어떤 노력을 하고 있나요?

꿈

夢

———

267

10
章

도전

내
가
맞
이
해
야

할

挑戰

인생은 개썰매와 같다.
맨 앞에 있는 개가 아니면
눈에 보이는 경치는 크게 다르지 않다.

루이스 그리자드 Lewis Grizzard
작가

어떤 분야나 그 분야에서 넘버원 자리를 차지하거나
업계 일인자의 위치에 오르면
예전과는 전혀 다른 세계가 기다리고 있습니다.

그것은 사업뿐 아니라
그 사람의 인생까지 바꾸어 놓습니다.
물론 좋은 방향으로 말이지요.

그런 위치에 오르려면 몇 가지 조건이 절실합니다.
강렬한 개성.
반드시 실현하겠다는 강한 의지.
실패해도 끝까지 포기하지 않는 굳은 신념.

용의 꼬리로 끝날 것인가, 머리가 될 것인가?
선택은 당신의 몫입니다.

아무리 자기 자신에게 완벽함을 추구해도
완벽한 자신은 어디에도 없다.
결국 자신이나 타인의 실패에서 배우는 수밖에 없는 것이다.

아일톤 세나 Ayrton Senna da Silva

카레이서

순탄하게 살아온 사람은
사람들을 이끌어가는 리더가 될 수 없습니다.
다른 사람의 고통과 아픔을 이해할 수 없기 때문입니다.

많은 사람을 아우르는 진정한 리더가 되려면
숱한 실패와 커다란 장애물을 뛰어넘어야 합니다.

누구나 자신만의 재능을 가지고 있습니다.
그 재능은 힘든 시련이나 어려움을 통해 단련되어야만
새로운 가능성을 꽃피울 수 있습니다.

정말로 원하는 것을 손에 넣으려면
실패를 두려워하지 말고 계속 도전하는 수밖에 없지 않을까요?

혹시 지금
지나치게 완벽함을 추구하느라 도전을 두려워하지는 않나요?

시장은 항상 불확실하고 불안정하다.
그런 때일수록 상식에 의지하지 않고
의외성에 투자하는 사람이 돈을 벌 수 있다.

조지 소로스 George Soros
투자가, 금융인

최근 들어 아이디어나 지적 재산권의 가치가
하늘을 찌를 듯 합니다.
좋은 아이디어만 있으면
얼마든지 성공의 계단에 올라설 수 있는 시대가 열린 것입니다.

아이디어와 지적재산권을 보호해 주는 것이
바로 특허입니다.

특허를 취득할 때 기본 조건은
새로울 것, 진보적일 것, 산업에서 우위를 차지할 것 등
세 가지입니다.

이와 마찬가지로 새로운 것을 개발하는 경우에도
남들과의 명확한 차이점을 제시하고
나만의 독자적인 가치를 제공해야 합니다.
그렇지 않으면 비슷비슷한 상품에 파묻힐 수밖에 없습니다.

당신은 상식의 틀을 뛰어넘어 의외성에 과감하게 투자할 수 있나요?

실패를 거듭하다 보면
비로소 진실의 전모를 알게 된다.

지그문트 프로이트 Sigmund Freud
심리학자, 정신과 의사

이 세상에 실패하지 않는 사람은 없습니다.
더구나 성공한 사람들의 대부분은
보통 사람들보다 훨씬 더 많은 실패를 경험한 사람입니다.
실패 속에 성공의 기회가 숨어 있기 때문입니다.

어떤 장애물이 앞을 가로막고 있어도
성공의 계단에 올라서기 위한 시련이라고 생각하면
실패도 소중한 재산이 되지 않을까요?

실패에서 맛보는 땀과 눈물은
달콤한 열매를 위한 좋은 거름이 되어줄 것입니다.

당신이 실패에서 배운 진실의 모습은 어떤 것인가요?

육체적인 것이든
다른 어떤 것이든
한계를 두지 말라.
한계를 두는 순간,
그것이
당신의 일과 삶에도
확대될 것이다.
한계는 없다.
정체기가 있을 뿐이다.
하지만
거기서 멈추지 말라.
그 한계를
뛰어넘어야 한다.

브루스 리 Bruce Lee
영화배우

공부를 하거나 기술을 배울 때,
일시적으로 발전이 멈추며 제자리걸음을 하거나
때로는 뒤로 후퇴하는 것처럼 느껴질 때가 있습니다.

그것은 '플래토plateau'라는 일시적인 정체현상일 뿐입니다.
이 시기야말로 에너지를 축적할 수 있는
절호의 기회가 될 수 있습니다.

도전

挑戰

——

279

제자리걸음을 한다고 해서 당황하거나 조바심을 내서는 안 됩니다.
그런 때일수록 의욕을 가지고 계속 발걸음을 옮겨야 합니다.

그러면 마음속에서 에너지가 축적되어 포화상태에 이르고,
엄청난 발전과 성장을 이룰 시기가 찾아올 테니까요.

그 순간까지 포기하지 않고 끊임없이 노력하는 사람만이
자신의 한계를 돌파하고 다음 단계로 나아갈 수 있습니다.

당신은 스스로에게 한계를 두어,
엄청난 발전으로 이어지는 기회를 포기하고 있지는 않나요?

아무리 위대한 사업도
처음에는 모두 꿈에 지나지 않았다.
그때 필요한 것은 용기이다.
아무도 가지 않은 길을 혼자 가기 위해서는 용기가 필요하다.
어떤 것이든 새로운 것은 사람들의 불평을 사는 법이다.
그래서 용기가 필요한 것이다.

헨리 알프레드 키신저 Henry Alfred Kissinger
정치가, 국제정치학자

성공하기 위해서는 용기가 필요하다고 합니다.
그렇다면 용기란 무엇일까요?

용기란 공포나 불안, 망설임, 수치 등을 두려워하지 않고
어떤 경우에도 자신의 신념을 관철하며
모든 것에 정면으로 대항하는 적극적이고 강인한 마음입니다.

어떤 분야든지 용기를 갖고 적극적으로 도전하면
새로운 길을 개척할 수 있습니다.

특히 아무도 가지 않은 길을 가기 위해서는
굳은 의지와 어떤 것도 두려워하지 않는 강한 용기가 필요합니다.
그것만이 성공으로 이끌어주는 멋진 안내판이 될 테니까요.

당신은 지금,
아무도 가지 않은 길을 갈 수 있는 강한 용기를 갖고 있나요?

도전

挑戰

281

계산된 위험은 감수하라.
이것은 단순히 무모한 것과는 완전히 다른 것이다.

조지 패튼 George Smith Patton
군인

참신한 아이디어를 가지고 있으면
사업을 시작하자마자 성공할 수 있다고 착각하기 쉽습니다.
하지만 막상 일을 시작하면 상상도 못 한 일이 많이 발생합니다.

처음에는 계획서를 만들고
한 가지씩 차근차근 배워나가는 것이 중요합니다.

그 일을 추진하는 과정에
더 멋진 계획을 발견하는 일이 많기 때문입니다.

일을 시작하기도 전에 아직 성공한 사람이 없다는 등
지금은 타이밍이 나쁘다는 등
아직 환경이 갖춰지지 않았다는 등
부정적인 이야기만 늘어놓는 사람이 있습니다.

하지만 아직 환경이 갖춰지지 않았다는 것은
그만큼 경쟁률도 낮고,
지금이 뛰어들 절호의 타이밍이라는 뜻이 아닐까요?
위험을 감수하는 사람만이 이익을 얻는 법입니다.

당신이 계획하는 일은 어떤 위험이 따르나요?
그것은 계산된 위험인가요?

나는 실패를 받아들일 수 있다.
하지만 도전하지 않는 것만은 받아들일 수 없다.

마이클 조던 Michael Jordan
전 프로 농구선수

한 번도 실패하지 않았다고 자랑하는 사람이 있습니다.
그것은 결코 자랑이 아니라 부끄러운 일입니다.

한 번도 실패하지 않았다는 것은
그만큼 목표가 낮았다는 것을 의미하니까요.

진정한 도전은 낮은 벽을 뛰어넘는 것이 아닙니다.
낮은 벽을 뛰어넘은 것은
되돌아보면 아무런 매력이 없지 않을까요?

높은 벽을 뛰어넘을 때는
벽에 발이 걸리는 등 실패를 반복하겠지만,
그 실패는 성공으로 갈 수 있는 지름길이 됩니다.

당신은
어떤 실패도 두려워하지 않고 끊임없이 도전할 수 있나요?

도전

挑戰

285

눈앞의 두려움과
정면으로 대결할 때마다
사람에게는 힘과 용기와
자신감이 생깁니다.

엘리너 루스벨트 Anna Eleanor Roosevelt
프랭클린 루스벨트 부인

인생이라는 기나긴 여행길에는
항상 즐겁고 행복한 일만 있는 것이 아닙니다.

가끔은 슬픔에 짓눌릴 때도 있고
가끔은 견디기 힘든 어려움을 만날 때도 있습니다.

도전

挑戰

그런 때에도 좌절하지 않고 다시 일어서려면
어떤 고난을 만나도 도망치지 않고
정면으로 대결하겠다는 각오가 있어야 합니다.

287

고통과 어려움을 만났을 때 눈을 돌리지 않고
자신이 세운 뜻을 잃어버리지 않으면
반드시 그것을 극복하고 한 단계 발전하며
자기도 모르는 사이에 크게 성장할 수 있습니다.

당신은 눈앞에 있는 두려움과 정면으로 마주할 수 있나요?

최선의 노력을 해보자.
노력하지 않는 것보다
훨씬 좋은 결과를 얻을 수 있으리라.

괴테 Johann Wolfgang von Goethe
작가, 시인, 과학자

아무런 노력도 하지 않고 불평만 입에 달고 사는 사람이 있습니다.
그것은 자신이 노력하지 않는 것에 대한 핑계에 불과합니다.

아무리 멋진 일이라도
머릿속으로 생각할 뿐 실천하지 않으면
어떤 변화도 일으킬 수 없습니다.

무엇을 해야 할지 생각하고 실천해야만
비로소 모든 일이 진행되고
생각하지도 못한 아이디어도 떠오르지 않을까요?

반짝반짝 빛나는 미래는 그저 오는 것이 아닙니다.
매순간 최선을 다하는 사람에게 자연스럽게 다가오는
노력의 결과입니다.

목표를 이루기 위해 최선을 다하고 있나요?

도전

挑戰

289

반드시 이긴다고 생각하면 이긴다.
높이 올라가고 싶으면 높은 곳을 생각하라.
이기는 사람은 항상 이길 수 있다고 생각하는 사람이다.

아놀드 파머 Arnold Palmer
프로 골퍼

무언가에 도전할 때는
이긴다는 생각을 해야 합니다.

"만약에 지면 어떡하지?"
"이번에 실패하면 어떡하지?"
이렇게 생각하면 주눅 들고 위축되어
자신이 가지고 있는 실력을 제대로 발휘할 수 없습니다.

지금보다 몇 단계 높은 곳에 올라서려면
꿈을 이루고 승리를 차지한 자신의 모습을
생생한 이미지로 떠올릴 수 있어야 합니다.

높이 올라가고 싶으면 높은 곳을 떠올리고,
승리를 거머쥐고 싶으면 승리하는 순간을 떠올려야 합니다.

당신은 이기는 순간을 떠올릴 때 어떤 기분이 드나요?

행운은 땀에 대한 배당이다.
땀 한 방울을 흘릴 때마다 더 많은 행운이 찾아온다.

레이 크록 Ray Kroc
맥도날드 창업자

비싼 과일일수록 키우기 힘들고
열매를 수확할 때까지 오랜 세월이 걸립니다.

하지만 그 과일을 먹을 때의
사람들의 기뻐하는 표정이나 감동하는 모습을 떠올리면
그동안의 땀과 노력이 아깝지 않습니다.
그것이 과일을 키우는 농부의 심정 아닐까요?

이와 마찬가지로 행운이라는 과일을 손에 넣고 싶다면
땀을 흘려야 합니다.
땀을 흘리기 위해서는 한시도 가만히 있지 말고
부지런히 움직이고 끊임없이 도전해야 합니다.

땀에는 두 종류가 있습니다.
정신적인 땀과 육체적인 땀이 그것입니다.

당신은 지금 무엇을 위해 땀을 흘리고 있나요?

감사의 말

나는 지금 페이스북을 비롯한 SNS에 내가 좋아하는 글귀와 좌우명으로 삼고 있는 명언들을, 나름대로 해설을 붙여 올리고 있습니다. 지난 1년간 하루도 빠짐없이요. 나처럼 어려움을 마다하지 않고 새로운 일을 찾고 열심히 노력하는 이들에게 조금이라도 도움이 되기를 바라는 마음에서입니다.

그러면 많은 분들이 도움이 되었다는 댓글을 달거나 고맙다는 메시지를 보내 주곤 합니다. 그것이 어느새 습관이 되어 지금까지 기쁜 마음으로 해오고 있습니다. 위인들의 깊은 지혜가 담긴 말에서 나는 오늘도 새로운 깨달음을 얻고, 희열을 느끼며 의미 있게 살아가고 있습니다.

이 책이 앞으로 새로운 미래를 열어갈 이들이나 고난과 좌절에 굴하지 않고 끊임없이 노력하는 분들에게 조금이라도 도움이 되기를 바랍니다. 많은 분들이 이 책을 읽음으로써 자신의 한계를 돌파하고 한 단계 더 올라가는 계기가 된다면 그보다 더 큰 기쁨은 없겠습니다.

새로운 길을 개척하기 위해서 가장 중요한 일은 꿈을 가지는 것입니다.
그리고 목표를 정하면 모든 열정을 발휘하여 계속 도전해야 합니다.
처음에는 그것이 목표에서 멀리 떨어진 길이라고 생각해도 결코 포기해서는 안 됩니다. 굳은 신념과 함께 일곱 번 넘어지면 여덟 번 일어나는 불굴의 정신을 가지고 있으면 반드시 커다란 기쁨이 찾아오고 아무도 걷지 않은 새로운 길이 열릴 것입니다.

저자 씀

* 이 책을 창업한 이후, 언제 어디서나 나를 믿어준 어머니께 바치고 싶다.

내 삶에
힘이 되어준 한마디

초판 1쇄 인쇄 | 2023년 9월 1일
초판 1쇄 발행 | 2023년 9월 11일

지은이 | 혼다 도시노부 **옮긴이** | 이선희 **펴낸이** | 구본건 **펴낸곳** | 비바체
주소 | (07668) 서울, 강서구 등촌로39길 23-10, 202호
전화 | 070-7868-7849 **팩스** | 0504-424-7849
이메일 | vivacebook@naver.com

ⓒ 비바체

ISBN 979-11-93221-03-7 (03320)